# FAIRE AVEC

Yves Citton

# FAIRE AVEC

*Conflits, coalitions, contagions*

Collection **TRANS**

Éditions Les Liens qui libèrent

## TRANS

Une collection dirigée par Raphaël Liogier et Dominique Quessada

---

### Penser à travers, et pas à tort

Nous éprouvons aujourd'hui quasi physiquement la dissolution du sol de nos certitudes. Avec des questions sous-jacentes : Que penser et comment devenir ? Comment vivre avec l'incertitude ? Comment réconcilier pensée et réel ? Comment habiter le monde ? Sur quelles idées s'appuyer ? Comment faire advenir ce qui pourrait être ? La collection TRANS se situe dans cette perspective. TRANS, parce qu'elle accueille des textes de celleux qui pensent et qui vivent les transitions. Celleux qui pensent à travers, et pas à tort. À travers les frontières, les assignations, les disciplines, les certitudes, les identités, les souverainetés, les renfermements, les replis sur soi, à travers toutes les clôtures. Il s'agit de déployer des idées vitales et inévitables, sans faux semblants intellectualistes, pour repenser notre rapport au monde. Nous aimerions que cette collection soit le lieu où une approche sensible, émotionnelle des questions théoriques puisse voir le jour, où soit transmise la vive émotion qui sourd des théories. Pour déployer cette approche dé-spécialisée, TRANS accueille des auteurs en provenance d'horizons divers, allant de la philosophie à la littérature, en passant par les sciences et les techniques.

ISBN : 979-10-209-0961-9

**Yves Citton** est professeur de littérature et media à l'université Paris 8, après avoir enseigné à l'université Grenoble Alpes et à l'université de Pittsburgh (États-Unis). Il est directeur exécutif de l'EUR ArTeC (Arts, Technologies, numérique, médiations humaines et Création). Il codirige la revue *Multitudes* et a publié *Générations collapsonautes. Naviguer en temps d'effondrements* (avec Jacopo Rasmi, Seuil, 2020), *Contre-courants politiques* (Fayard, 2018), *Médiarchie* (Seuil, 2017) et *Pour une écologie de l'attention* (Seuil, 2014), ainsi que *Zazirocratie* (2011), *Mythocratie* (2010) et *L'Envers de la liberté* (2006) aux éditions Amsterdam. Ses articles sont en accès libre sur www.yvescitton.net.

PRÉAMBULE

# La casse du siècle

**Programme.** Nous entrons dans une période de conflits radicalisés et inédits. Après deux siècles d'industrialisation extractiviste saccageant nos milieux de vie, après quarante ans de politiques économiques exacerbant les inégalités, après une année de crise sanitaire plongeant dans la misère des millions de précaires, les embrasements sont aussi probables que les embrassements sont déconseillés.

L'occasion de réflexion et de bifurcation brièvement ouverte dans nos consciences par l'épisode du confinement n'a conduit à aucun « jour d'après ». Le XXe siècle suit son cours obsolète jusque dans la troisième décennie du XXIe. Or plus nous procrastinons devant les indispensables mutations à venir, plus elles seront difficiles, traumatiques et conflictuelles. Plus le temps passe (dans le *business as usual*), plus dure sera la casse.

Loin de se réduire à la seule «menace terroriste» étroitement identifiée au «djihadisme», les conflictualités exacerbées sont indissociablement sociales, écologiques et géopolitiques. Elles engagent toutefois bien davantage que des programmes économiques, des mesures environnementalistes, des réformes constitutionnelles ou des alliances militaires. Elles exigent le développement d'autres visions de la conflictualité et d'autres pratiques du commun.

Le parti pris de ce livre est que c'est en abordant ces conflits comme des batailles culturelles qu'on s'y préparera le mieux. Le défi de la mondialisation sous pression de ravage environnemental est celui du multiculturalisme, c'est-à-dire de la coexistence de cultures non seulement différentes, mais partiellement contradictoires entre elles. Parce qu'il n'y aura pas de paix sans justice, et parce que la définition de la justice est éminemment culturelle, il nous faut comprendre (comment agir dans) ces batailles culturelles pour déjouer les menaces de guerre civile.

Au sein de ces batailles culturelles, les mouvements progressistes rencontrent une difficulté centrale à identifier des visages d'ennemis contre lesquels s'unir. Face à ce « dé-visagement de l'ennemi », il est urgent de ré-envisager ce qu'est un ennemi à l'âge du nouveau régime climatique, de la logistique globalisée et du capitalisme de surveillance. À la fois pour contrer les discours xénophobes qui démonisent les figures de l'étranger et du migrant, et pour tirer les leçons politiques de l'épidémiologie abondamment discutée durant les derniers mois, on proposera ici d'interpréter en termes d'*hôtes* ce que la polémologie politique peine à affronter en termes d'*ennemis*.

À cette fin, cet ouvrage s'inspire de philosophies émergentes pour prôner trois façons de ré-envisager l'ennemi. D'abord, *des diplomaties interespèces d'interdépendance*, qui nous font découvrir le visage d'un coexistant derrière la détestation d'un ennemi (chapitre 1). Ensuite, *des tactiques de coalition entre minorités* permettant de faire face en commun aux ennemis sans visage qui sapent nos sociétés et nos environnements (chapitre 2). Enfin, *des sorcelleries de viralité* pour déjouer les trolls qui injectent des visages de haine dans nos communications contagieuses (chapitre 3).

L'ancienne politique polémique ne suffira pas à faire face à la casse : de nouvelles formes d'alliance doivent s'élever à la hauteur des nouvelles dynamiques qui nous relient à nos ennemis comme à nos amis, proches, lointains, humains et autres qu'humains.

Il nous faut apprendre à *faire avec* : à *faire ensemble*, même si nous ne sommes pas d'accord sur tout ; à *cohabiter avec* des formes de vie qui peuvent parfois nous surprendre, nous déranger et nous inquiéter ; à *accepter certaines limites* qui contraignent la satisfaction de nos désirs individuels de liberté ou de consommation, de façon à permettre notre coexistence avec d'autres espèces et d'autres cultures à la surface de la seule planète capable d'accueillir nos vies enchevêtrées.

Un renouveau de (ce qu'on appelait) la « gauche » est peut-être à ce prix.

**Guerres et conflits.** Tout le monde ou presque s'accorde à estimer que la conflictualité monte au sein de nos sociétés occidentales, et qu'elle est vouée à s'intensifier encore dans les mois et les années à venir. Nous plongeons dans la plus grande crise économique qu'ait connue l'économie capitaliste depuis celle des années 1930 (qui a conduit à une guerre mondiale ayant fait des dizaines de millions de morts). En touchant à la fin du règne de « la nature à bon marché » (la *cheap nature* de Jason Moore[1]), nous sommes voués à voir s'exacerber les rivalités pour accéder aux ressources de base (énergie, métaux rares, eau, terres habitables). En menaçant les modes de vie de milliards d'êtres humains, le dérèglement du climat ne manquera pas d'échauffer leur esprit guerrier. Comme le dit Ariel Kyrou en nous emmenant *Dans les imaginaires du futur* : « Pas de bifurcation sans des choix, donc des conflits assumés[2]. »

Au sein d'un tel contexte, il fait sens que d'importants livres récents fassent de la guerre l'horizon indépassable du XXIe siècle. Le capital s'est toujours imposé par la force, expliquent Éric Alliez et Maurizio Lazzarato, dans ce qui relève d'une longue guerre de conquête et de subjection qui prend des formes de plus en plus intimement destructrices de nos environnements, de nos socialités et de nos subjectivités[3]. La guerre est en passe de devenir notre condition écologique, renchérit Jairus Victor Grove : « La

---

1. Jason Moore et Raj Patel, *Comment notre monde est devenu cheap. Une histoire inquiète de l'humanité*, Paris, Flammarion, 2018.

2. Ariel Kyrou, *Dans les imaginaires du futur*, Chambéry, ActuSF, 2020, p. 589.

3. Éric Alliez et Maurizio Lazzarato, *Guerres et capital*, Paris, Éditions Amsterdam, 2016.

politique, le colonialisme, la destruction écologique, le racisme et les misogynies ne sont pas la poursuite de la guerre par d'autres moyens – ce sont bel et bien des guerres. La guerre n'est pas une métaphore ; c'est le tramage intensif des relations constitutives de l'Eurocène[1].» Achille Mbembe caractérise pour sa part notre époque comme étant celle d'un «brutalisme» qui n'est rien d'autre qu'«une forme de guerre sociale planétaire» à l'occasion de laquelle «il ne s'agit pas tant de couper l'Europe du monde ou de l'instituer en forteresse imprenable que de consacrer, comme le privilège des seuls Européens, le droit de possession et de libre circulation sur toute l'étendue d'une planète dont nous sommes pourtant tous des ayants droit[2]».

Même si, comme l'a bien montré Thomas Berns, les discours philosophiques sur la guerre sont rarement exempts de métaphorisations et d'abstractions critiquables[3], ces analyses du

1. Jairus Victor Grove, *Savage Ecology. War and Geopolitics at the End of the World*, Durham, Duke University Press, 2019, p. 60.

2. Achille Mbembe, *Brutalisme*, Paris, La Découverte, 2020, p. 150 et 74, et *Critique de la raison nègre*, Paris, La Découverte, 2013.

3. Thomas Berns, *La Guerre des philosophes*, Paris, PUF, 2019.

présent ont le mérite de battre en brèche les idéologies lénifiantes qui ont bercé la modernité d'une foi naïve dans le ruissellement spontané des bienfaits du capitalisme. Ces mises en lumière de la polémicité nous aident à compter les œufs quotidiennement cassés pour cuisiner l'omelette du confort occidental moyen. Elles resituent aussi les gestes (généralement impopulaires) des « casseurs » comme autant de réponses compréhensibles à des violences préexistantes (incomparablement plus fortes et plus oppressives). L'accroissement des inégalités qu'ont connu les quatre dernières décennies, sous l'emprise du néolibéralisme, apparaît ainsi dans sa double brutalité : casse sociale pour les travailleurs les plus pauvres et casse du siècle pour les financiers les plus riches.

La casse la plus dramatique, qui est encore largement devant nous, touche toutefois non seulement à nos niveaux de revenu, mais à la viabilité même de nos milieux d'existence. C'est tout notre modèle économico-politique basé sur une croissance illimitée qui vient se fracasser contre le mur climatique, énergétique et biologique – avec les températures qui montent en flèche et la biodiversité qui s'effondre. Est-ce un hasard si le Moyen-Orient et le Sahel – certaines des parties les plus chaudes de notre planète, lieux de rivalités géopolitiques dans l'accès aux sources d'énergie et à l'eau – s'enfoncent dans un interminable chaos guerrier dont les dissensions religieuses semblent être bien davantage le symptôme superficiel que la cause profonde ?

C'est bien le XXe siècle, tel qu'il a été édifié par la colonisation occidentale du monde, industrielle et capitaliste, qui est en train de se casser sous nos yeux.

**Faire face à la casse.** Faire face à la casse du modèle qui a porté notre développement au bord de l'écocide implique de rompre avec la logique de polémicité qui le régit depuis des siècles. Les causes de conflit sont bel et bien là, accumulées, avivées et exacerbées comme jamais. Le plus important est de dépolémiser nos attitudes à leur égard. Non pas en se contentant de prôner la paix, sur le ton du prêche et des bons sentiments, mais en puisant dans d'autres façons de faire face à ce qui nous menace.

Cela implique de décentrer la conception des conflits de leur attracteur guerrier, généralement gonflé de testostérone. Non qu'il n'y ait pas eu de femmes combattantes, bien entendu[1].

1. Voir Coline Cardi et Geneviève Pruvost (dir.), *Penser la violence des femmes*, Paris, La Découverte, 2017, et

Mais la guerre telle que nous l'imaginons communément – avec son front de bataille séparant deux camps ennemis, vers lequel se ruent des mâles hurleurs, impatients d'en venir aux mains, baïonnette ou canon en érection – ne correspond ni aux intrications des conflits actuels, ni à la réalité présente des opérations de terrain, où drones et tapis de bombes ne laissent guère de place à la vaillance virile.

La ridicule dérive de gouvernants proclamant des « guerres » tous azimuts – contre la drogue, le terrorisme ou le coronavirus – n'est que le symptôme d'une difficulté plus profonde à identifier quelque chose qui puisse ressembler à un ennemi ou à une ligne de front. Derrière les images douteuses de trafiquants multimillionnaires, de barbus fanatisés ou de promeneurs non munis de leur dérogation sur l'honneur, ces guerres se battent moins contre des personnes que contre des causalités sociales souvent diffuses – causalités que ni les kalachnikovs ni les missiles de la guerre traditionnelle ne sauraient mettre hors d'état de nuire. C'est ce qu'Alexander Galloway et Eugene Thacker avaient identifié en 2007 comme le « dévisagement de l'ennemi »

---

Martial Poirson (dir.), *Combattantes. Une histoire de la violence féminine en Occident*, Paris, Seuil, 2020.

(*defacement of enmity*) : nous devons affronter des ennemis sans visage, dont les effets nous affectent, mais dont les traits nous échappent. Cela a pour conséquence qu'on ne peut plus leur « faire face » : désormais, « l'inimitié est une interface » en plus d'être une confrontation[1].

Le défi du présent tient bien à ceci : faire face à la casse de nos milieux de vie – plutôt que matraquer les casseurs qui la subissent autant qu'ils la répercutent. Pour cela, il faut commencer par refuser les combats qui nous enferment dans ce que Julien Allavena a appelé le « cycle défensif » qui a plombé les mouvements de gauche des dernières décennies[2]. En réagissant *contre* des mesures gouvernementales (les réformes des retraites, du droit du travail, de l'université, etc.), on s'est condamné à laisser toujours l'initiative aux autres. Faire face à la casse exige de passer à l'offensive, d'aller de l'avant dans d'autres directions que celles où nous enferme la réaction contre les inepties gouvernementales.

---

1. Alexander Galloway et Eugene Thacker, *The Exploit. A Theory of Networks*, Minneapolis, University of Minnesota Press, 2007, p. 65.

2. Julien Allavena, *L'Hypothèse autonome*, Paris, Éditions Amsterdam, 2020.

Mais faire face à la casse implique également de ré-envisager l'idée même que l'on se fait de nos ennemis. Ces ennemis que sont le « capitalisme », la « finance », l'« industrie pharmaceutique », la « Politique agricole commune » ou le « système » résistent à recevoir un visage qui ne pourra être, au mieux, que métonymique (une partie pour le tout) : un PDG de multinationale, un richissime spéculateur, un politicien corrompu, un lobbyiste habile, un ministre arrogant.

Notre conjoncture historique est toutefois encore plus perverse que cela. Elle ne se contente pas de dé-visager nos ennemis : elle leur donne parfois nos propres traits dans son miroir. N'est-ce pas aussi – en partie minime, certes, mais non négligeable – les assurances-vie ou les fonds de pension des classes moyennes qui alimentent la « finance » ? N'est-ce pas l'avion dans lequel je vole ou la voiture que je conduis qui accumulent les gaz à effet de serre ? La casse du siècle prend souvent la forme d'une brisure dont la faille scinde l'intérieur même de nos subjectivités.

**D'autres politiques par d'autres moyens.** La fameuse citation de Carl von Clausewitz faisant de la guerre « la continuation de la politique par d'autres moyens » en est arrivée à nous faire concevoir la démocratie comme un combat entre des adversaires qui se considèrent en ennemis. Un stock de métaphorisations militaires, ravivé par l'influence indirecte de Carl Schmitt sur une partie de la gauche et des milieux syndicaux, a mis au premier plan de la « lutte de classes » – non sans excellente raison – la construction de « rapports de force », prélude indispensable à l'inévitable confrontation des intérêts antagonistes. L'affaiblissement de la mobilisation de classe au cours des dernières décennies a été compensé par une polémicité se déplaçant vers le vocabulaire (anglo-saxon) du « choc des civilisations » (*clash of civilizations*) sur les questions de laïcité, ou des « guerres culturelles » (*culture wars*) sur les questions de racisme, de genre ou d'avortement.

Nous affrontons la casse du siècle avec un logiciel qui hérite des luttes de classes et des rivalités nationalistes aux prises avec des ennemis *extérieurs*. Or, contrairement au matraquage politico-médiatique consacré au « terrorisme islamiste », les confrontations qui nous menacent le plus gravement opposent moins des civilisations extérieures les unes aux autres qu'elles ne clivent nos civilisations modernisées *depuis l'intérieur*. Ce qui se casse sous nos pieds depuis les années 1970, c'est la machine productiviste et consumériste qui devait fonder nos aspirations communes sur la perspective d'un enrichissement mondial voué à être finalement partagé.

L'offensive néolibérale et la casse des acquis sociaux accumulés dans les pays riches au cours du XXe siècle ont constitué pour les mieux lotis un effort désespéré visant à protéger leurs privilèges en serrant la vis des plus exposés. La casse accélérée de nos milieux de vie ne fera qu'exacerber le rejet massif d'institutions dont les effets réels sont terriblement inégalitaires, alors même que leurs visées avouées ont pu parfois se parer d'équité.

Notre conjoncture actuelle, inédite, se caractérise par le tressage d'une triple pression émanant 1° des contraintes planétaires du nouveau régime climatique, de l'épuisement des ressources et de l'effondrement de la biodiversité, 2° de l'enchevêtrement logistique de nos chaînes d'approvisionnement, et 3° de la communication virale des images, des sons et des discours par nos réseaux de médialité. Le nœud de cette triple planétarisation se serre autour de questions d'*inégalités* – inégalités héritées des régimes antérieurs (colonisations, exploitations, discriminations, dominations), inégalités redimensionnées et parfois exacerbées, mais surtout inégalités rendues de plus en plus insoutenables par les mouvements de cette triple planétarisation. Ces inégalités constituent à la fois le foyer, le combustible et l'huile sur le feu des conflictualités qui nous menacent.

On parle aujourd'hui, en France, de «radicalisation» pour désigner des points de friction entre certaines lois civiles «laïques» et certaines pratiques associées à des croyances «religieuses» – nourrissant le fantasme d'un «choc des civilisations». Mais il faut sans doute s'attendre à des formes de radicalisation bien plus étendues et bien plus profondes encore au cours des années qui viennent. On peut à la fois craindre et espérer que les moins privilégiés et les moins passives d'entre nous ne laisseront pas nos milieux de vie se faire détruire sans prendre leur défense «par tous les moyens nécessaires» (*by all means necessary*, disait Malcolm X à propos de la lutte contre les discriminations racistes). Plus les gouvernants différeront la prise des mesures conséquentes, plus le risque et la nécessité seront grands que la radicalisation s'impose depuis le bas – sur des questions sociales et écologiques bien davantage que religieuses – à l'occasion de coups d'éclat qui n'auront rien de consensuel.

Il serait également suicidaire d'attendre que les situations se dégradent encore et de miser sur la politique du pire. Il n'y a pas d'alternative à la lutte contre le capitalisme extractiviste (lequel nous répète depuis un demi-siècle qu'il n'y a pas d'alternative à ses réformes néolibérales). Sur le plan social comme sur le plan écologique, la «patience», loin d'être une vertu, relève désormais de la complicité avec ce qui nous détruit. Attendre que la perpétuelle excuse économique diffère indéfiniment l'inévitable tournant écologique n'est plus une option. L'impatience est de mise – à la fois refus de remettre à plus tard et refus de subir – dès lors qu'il s'agit de mettre fin au saccage irréversible de nos milieux de vie.

Le problème est justement de pratiquer cette lutte sans la subir. Et, pour cela, il faut apprendre à la concevoir plus efficacement que nous ne l'avons fait au cours des décennies précédentes. D'où une question qui traversera tout cet ouvrage: **COMMENT (cesser de) NOUS BATTRE**. Nous avons grandement souffert de l'équivoque du verbe pronominal *se battre*. La question est bien de comprendre comment nous battre contre le capitalisme extractiviste en cessant de nous battre nous-mêmes (les unes contre les autres).

Mieux nous battre implique peut-être de savoir *comment saboter un pipeline*, ainsi que l'envisage

Andreas Malm[1]. Cela demande d'identifier des organismes nuisibles et de lutter contre eux – qu'il s'agisse des grandes entreprises destinées à mettre les profits de leurs actionnaires au-dessus de notre bien commun, des lobbies qu'elles mettent en place pour paralyser toute législation qui leur serait défavorable, des gouvernements qui se plient à ces lobbies, ou des institutions du capitalisme financier qui sacrifient les siècles à venir aux intérêts du court terme.

Mais cela exige tout autant de minimiser les risques de voir nos actions se retourner contre nous-mêmes, contre celles et ceux que nous voulons défendre. Car les conflits «de civilisation» qui s'annoncent ne portent plus (seulement) sur le port d'un bout de tissu couvrant une partie du visage (où il est trop facile d'opposer un «nous» à un «eux»), mais bien davantage sur le démantèlement nécessaire de pans entiers de «notre» tissu économique. Chez EasyJet, Airbus ou Renault, dans l'industrie de la viande ou du pétrole, des millions de salarié·es ont de très bonnes raisons de vouloir défendre des emplois que des millions d'habitant·es ont d'également bonnes raisons de vouloir supprimer. Lorsque

1. Andreas Malm, *Comment saboter un pipeline*, Paris, La Fabrique, 2020.

des activistes d'Extinction Rebellion calent un petit caillou dans les pneus de SUV pour dissuader les automobilistes d'acheter ces véhicules trop lourds et trop émetteurs de gaz à effet de serre, ou lorsque des membres de L214 couvrent des vitrines de boucherie de graffitis sanglants, ce sont les générations à venir qui protègent (ce qui reste de) leur milieu de vie à travers de telles actions. Celles-ci n'en génèrent pas moins des frustrations bien compréhensibles – toujours susceptibles de dégénérer en réactions violentes.

Faire face à la casse du siècle exige une continuation de la politique par d'autres moyens que ceux qui échouent aujourd'hui tragiquement à canaliser les demandes et les besoins à travers les voies parlementaires classiques. Le vrai défi est de faire que ces autres moyens s'écartent des modèles traditionnels de la guerre, de l'attentat ou de la milice armée. C'est en priorité au niveau des batailles culturelles que doivent s'investir les énergies.

Le multiculturalisme n'est pas une simple option qu'on pourrait choisir de rejeter ou d'embrasser : c'est une réalité indépassable de notre avenir avec et dans laquelle nous devons apprendre à vivre et à agir de façon non autodestructive. Ce multiculturalisme ne se limite nullement à rendre compatibles les préceptes associés à différentes croyances religieuses ou les coutumes identifiées à différentes ethnies. Il est le cadre dans lequel doivent apprendre à coexister végétaliens et omnivores, automobilistes et cyclistes, économistes et écologistes. Les énormes et inévitables conflits qui bouillonnent sous nos pieds dégénéreront en guerres civiles si nous ne développons pas des cultures du différend permettant de les négocier sur la scène des batailles culturelles[1].

Ce sont trois propositions de continuation de la politique par d'autres moyens que collecte et esquisse ce bref ouvrage. Chaque fois, on s'efforcera de reconfigurer la scène du conflit nous opposant à un ennemi pour déplacer les lignes de front et transformer les règles d'engagement. Chaque fois, on essaiera de dé-polémiser la politique, sans pour autant nier la gravité des conflits qui doivent s'y jouer, mais en essayant au contraire d'élever nos méthodes d'intervention à la hauteur des enjeux parfaitement inédits et désorientants qui les taraudent. Comment nous battre contre ce qui nous détruit en cessant de nous battre nous-mêmes et entre nous ?

1. Sur la notion de différend, voir Jean-François Lyotard, *Le Différend*, Paris, Minuit, 1983.

**Faire avec de multiples échelles de terraformation.** Le pacifisme relève du vœu pieux impuissant – ridicule et démobilisant – tant qu'il se contente de prêcher contre la guerre. Apprendre à faire avec les limites de nos ressources communes, avec les inévitables frictions entre nos cultures ou avec les persistances de certaines nuisances, rien de cela ne saurait suffire à satisfaire des soifs de justice qui sont non seulement légitimes, mais irrépressibles. Le plus important est d'apprendre à mieux faire avec celles et ceux que cette soif de justice pousse vers la formation de meilleures institutions, porteuses de nouveaux droits et de nouvelles capacités d'action.

Comme le suggère de façon provocatrice – espiègle et difficile à prendre au premier degré – le manifeste récemment formulé par Benjamin Bratton depuis Moscou, l'un de nos principaux défis consiste à mener ensemble *un travail commun de terraformation*[1]. Que cela nous plaise ou non, que nous vivions au cœur de Paris ou dans une campagne indienne, dans un gratte-ciel ou

---

1. Benjamin Bratton, *The Terraforming 2019*, Dijon, Pressees du réel, 2021. Voir aussi le site theterraforming.strelka.com, où sont accessibles de multiples propositions sur ces questions.

dans une ferme légère prête pour l'effondrement – et aussi injuste que cela puisse être –, nous partageons toutes et tous (très inégalement et très inéquitablement) une même planète dont le climat, la biodiversité, les ressources vitales, les dégradations, les merveilles et les diverses bombes à retardement constituent notre lot et notre destin communs. La terraformation qui doit nous préoccuper n'est pas le rêve de coloniser d'autres astres, mais le projet de (ré)former de façon plus soutenable et plus juste cette Terre que nous (dé)formons depuis plusieurs siècles de façon écocidaire.

« Faire avec » n'est donc pas une affaire de tolérance passive, mais de collaboration active. Et la nouveauté vertigineuse de cette collaboration tient aux *échelles* inédites auxquelles nous condamne notre inéluctable planétarité. Faire avec notre voisin, dont les rituels heurtent parfois nos sensibilités ou nos oreilles, n'est que la déclinaison proxémique du besoin de faire avec les politiques économiques, énergétiques, sociales qui se décident (souvent par la violence) aux antipodes de notre territoire de vie et de nos domaines d'action. Aucune micropolitique ne parviendra à faire avec les conflictualités locales sans penser son inscription au sein des tensions géopolitiques qui les surdéterminent. Il faut apprendre à faire avec ces multiples échelles de conditionnement – inédites à la fois dans la façon dont elles clivent nos intimités et dans les lignes de faille toujours évolutives qu'elles tracent dans notre planétarité[1]. Pas de transformation politique possible sans ambition (humble et précautionneuse) de terraformation.

**Face de petit-bourgeois.** Un dernier mot de préambule sur la situation sociale d'où émanent les propos qu'on va lire ci-dessous. Petit-fils de mineur italien émigré en Suisse, fils unique d'une femme au foyer et d'un boulanger n'ayant pas pu terminer sa scolarité obligatoire (mais devenu néanmoins cadre moyen d'une grande banque helvétique), j'ai constamment bénéficié de conditions d'existence extrêmement protégées et privilégiées. Amour parental, prospérité familiale, gratuité d'une éducation supérieure de haute qualité, emplois titularisés dans diverses universités : mâle blanc athée végétarien hétéro sans enfant à bac+40, je n'ai jamais dû « me

1. Voir par exemple sur ces questions les interventions suggestives de Dipesh Chakrabarty, « The Planet : An Emergent Humanist Category », *Critical Inquiry*, n° 46, p. 1, 2019, et Pierre Charbonnier, « Le tournant réaliste de l'écologie politique », *Le Grand Continent*, 30 septembre 2020.

battre » pour défendre mes droits opprimés, ni pour obtenir un confort de vie qui a paru venir à moi spontanément.

Quoique issu sur deux générations de la classe ouvrière et premier de ma famille à accéder à l'université, quoique éduqué dans un milieu fortement communiste (le Parti du travail de Genève) et écologiste (les Amis de la nature), je n'ai aucune expérience sérieuse de « pratique politique », et mes comportements sont ceux d'un petit-bourgeois (tondeuse à gazon, assurance-vie) habitant désormais au voisinage de la grande bourgeoisie, faisant probablement partie des 2 % ou 3 % les plus riches de la population mondiale. J'ai passé plusieurs mois de 2020 confiné dans une belle maison suburbaine en meulières, avec un jardin plein de fleurs et de petits oiseaux. Pour reprendre les conventions mises en place par Christophe Hanna dans son extraordinaire livre *Argent*, qui fait suivre le prénom de ses interlocuteurs par le chiffre de leur revenu mensuel en euros[1], le signataire de cet ouvrage devrait donc être identifié comme Yves4050.

Autrement dit : de par sa situation, son âge et son parcours social, l'auteur des pages qui

1. Christophe Hanna, *Argent*, Paris, Éditions Amsterdam, 2018.

suivent fait sans doute davantage partie des problèmes qui contribuent à casser notre siècle que de leur solution. S'il invite à éviter la guerre, c'est que le régime actuel de pacification et domination convient bien à ses intérêts matériels. Les raisonnements proposés dans ce livre méritent bien entendu d'être interprétés à la lumière de ce *caveat lector*.

CHAPITRE UN

# Diplomaties d'interdépendance

**Six conflits récents.** Survolons brièvement six terrains de lutte récents : Black Lives Matter, #MeToo, militantisme vegan, Jeunes pour le climat, Gilets jaunes, grèves contre la réforme des retraites. Chaque fois, le combat a pris la forme d'un mouvement réactif contre un certain pouvoir en place (suprématie blanche, domination masculine, spécisme, capitalisme extractiviste, technocratie gouvernementale, austérité néolibérale). Chaque fois, un segment de la population a été agglutiné pour incarner la figure d'un ennemi (les policiers racistes, les hommes de pouvoir sexistes, les bouchers, les Humains, les élites gouvernementales avec leurs forces répressives, les laquais de la finance). Chaque fois, la dénonciation des violences instituées a pu comparer ces dernières à des actes de guerre (assassinats, viols, spéciocides, spoliations, pillage). Dans l'immense majorité des cas, toutefois, ces mouvements de lutte se sont déroulés sous des formes très pacifistes, et si quelques actions ont été perçues comme «violentes», elles ont été d'ordre symbolique (ACAB, dénonciations sur médias sociaux, graffitis sur boucheries) ou dirigées contre des propriétés matérielles (magasins des Champs-Élysées, préfectures), sans mettre intentionnellement des vies en danger.

À l'évidence, ce qui fait le mérite de tels mouvements se mesure moins en termes de guerre que de confrontation. C'est leur capacité à instaurer des fronts de conflit publiquement identifiés comme tels qui atteste leur puissance, c'est-à-dire leur visibilité, politique. Si l'on veut parler de «machine de guerre» à leur propos, c'est au sens où ces mouvements parviennent à mettre en scène des gestes susceptibles de susciter, d'accompagner et d'agréger des subjectivations s'opposant à une certaine forme de domination établie.

Ces subjectivations peuvent, selon les cas, coaguler une certitude ou ébranler une indifférence. Du côté des militant·es qui performent ces gestes, un état originel de doute, d'indécision et d'ambivalence peut se trouver dépassé et emporté dans un affect collectif de pugnacité qui clarifie les termes et les enjeux du conflit. Du côté des spectateur·es, un état de torpeur initiale peut être conduit à percevoir un problème public là où rien ne semblait originellement mériter attention ni réflexion – déclenchant un doute, un état d'hésitation, un sentiment de malaise, un aveu d'ambivalence. Le mérite de la conflictualité politique est certainement de contribuer à cette *poussée* qui déplace les sensibilités et les engagements en direction d'une cause dont la force tient aux affects qu'elle parvient à concentrer sur elle. Et c'est du fait de cette poussée que politique et polémicité sont largement perçues comme synonymes au sein de nos cultures militantes.

Au-delà de ces quelques points communs, les six exemples de mobilisation sociale évoqués ci-dessus frappent toutefois par la variété des fonctionnements de leur « machine de guerre ». Celles qui semblent avoir obtenu le plus d'impact sur nos façons communes de penser paraissent avoir plutôt reposé sur une polémicité spontanée que sur des stratégies calculées. *A contrario*, les grèves contre la réforme des régimes de retraite ou, plus encore, les mouvements d'opposition aux réformes des universités qui se succèdent depuis une vingtaine d'années ont essayé en vain de contrer les offensives gouvernementales par des contre-offensives coordonnées entre différents syndicats, différentes institutions, différentes catégories professionnelles. Même lorsqu'elles sont parvenues à aligner (provisoirement) les rangs sur un front uni, ces tentatives de confrontation stratégisée n'ont révélé que leur fragilité et leur impuissance – sans doute parce qu'elles restaient prisonnières du «cycle défensif» dénoncé par Julien Allavena.

Davantage que l'organisation ou la discipline des troupes, davantage que la planification des campagnes, c'est l'invention créatrice d'un terrain et d'un mode de lutte inattendus qui a fait la différence dans le succès de certaines mobilisations (dénonciation publique de traumatismes privés pour #MeToo, énonciation politique portée par une jeune fille de 15 ans pour Youth for Climate, occupation de ronds-points pour les Gilets jaunes[1]). Tout autant (voire bien davantage) qu'à des «machines de guerre», ces mouvements ressemblent à des *jam sessions* dont les réussites tiennent plus à l'énergie des

1. Voir Bernard Floris et Luc Gwiazdzinski, *Sur la vague jaune. L'utopie d'un rond-point*, Grenoble, Elya Éditions, 2019, et Laurent de Sutter, *Lettre à Greta Thunberg*, Paris, Seuil, 2020.

improvisateur·es qu'à la stratégie d'un compositeur, à la maestria d'un chef d'orchestre ou aux prévisions d'un producteur. Ce qui semble faire bouger la politique dans le nouvel équilibre qui s'établit entre médias sociaux et mass médias traditionnels en nos années 2020, c'est l'instauration imprévisible de fronts insoupçonnés plutôt que la planification de campagnes conquérantes.

Certes, il faut mesurer l'importance de la montée en visibilité d'organisations prônant la désobéissance civile (Extinction Rebellion), voire le blocage ou le sabotage disruptif des infrastructures écocidaires (Earth First !, Deep Green Resistance). Au fur et à mesure que l'irréparable se commet, avec des conséquences de plus en plus dramatiquement inacceptables, on peut s'attendre à ce que les résistances au capitalisme écocidaire se radicalisent, hésitant de moins en moins à recourir à des actions directes visant à détruire ce qui détruit nos milieux de vie. Face à l'énormité des enjeux et à l'inertie des collusions héritées entre technocraties gouvernementales, mécanismes législatifs, intérêts financiers, politiques industrielles et infrastructures logistiques, il devient toujours plus difficile de croire à une transition douce induite par des manifestations pacifistes (selon la tradition largement majoritaire dans les milieux écologistes). Il est donc toujours plus tentant de recourir à des opérations de guérilla pour combattre les guerres effectivement menées contre nos milieux de vie par le « Capital » (envisagé comme l'axiomatique générale de telles collusions)[1].

Sans condamner *a priori* de telles modalités d'action[2], il convient peut-être *aussi* d'envisager une autre forme de déplacement des fronts qui questionne l'opportunité de la vision polémologique classique pour rendre compte de l'originalité des nouvelles « guerres de Gaïa » opposant désormais, selon des penseurs comme

1. Pour des argumentaires indissociables de manuels d'opération dans ce domaine, voir par exemple Derrick Jensen, Lierre Keith et Aric McBay, *Deep Green Resistance. Un mouvement pour sauver la planète* (t.1, 2018 ; t.2, 2019) ; Earth First !, *Manuel d'action directe* (2019) ; Peter Gelderloos, *Comment la non-violence protège l'État. Essai sur l'inefficacité des mouvements sociaux* (2005) ; ainsi que le recueil *Écologie en résistance. Stratégie pour une terre en péril* (2016) – tous parus aux Éditions Libre, à Herblay. Pour une bonne mise au point théorique, voir Andreas Malm, *Comment saboter un pipeline*, *op. cit.*

2. Pour de bons argumentaires contre les naïvetés d'un irénisme simpliste, voir Elsa Dorlin, *Se défendre. Une philosophie de la violence*, Paris, La Découverte, 2017, et François Cusset, *Le Déchaînement du monde. Logique nouvelle de la violence*, Paris, La Découverte, 2018.

Eduardo Viveiros de Castro et Bruno Latour, les « Humains » (extractivistes, capitalistes et consuméristes hors-sol) aux « Terrestres » (attaché·es à la préservation de nos milieux de vie communs)[1]. C'est ce qu'esquissera ce chapitre, en s'inspirant de la réflexion menée par Baptiste Morizot au titre d'une « diplomatie interespèces des interdépendances ».

**Méta-polémique et nécessité de coexistence.** Avant d'en exposer le cheminement, on peut déjà caractériser ce déplacement des fronts comme invitant non à une translation horizontale, mais à une élévation structurelle, verticale, du champ de bataille vers un plan que je qualifierai de *méta-polémique*. Ce changement de niveau est parallèle à celui que proposent Raphaël Liogier et Dominique Quessada dans un *Manifeste métaphysique* dont je lis le titre comme élevant des êtres individualisés (physiques) aux relations d'interdépendance (méta-physiques) qui leur permettent d'être ce qu'ils sont :

1. Voir Eduardo Viveiros de Castro et Déborah Danowski, « L'Arrêt de monde », *in* Émilie Hache (dir.), *De l'univers clos au monde infini*, Bellevaux, Dehors, 2014, ainsi que Bruno Latour, *Où atterrir ?*, Paris, La Découverte, 2018.

> L'inséparation, l'interdépendance, la relation, le processus, la concrescence (co-croissance/croissance ensemble), le mélange, le débordement sans limite (hyper), l'hybridation sont les soucis théoriques majeurs de notre époque, parce qu'ils expriment tous à leur manière, d'une part, la liaison dynamique de tous les étants et, d'autre part, l'hyper-progrès technologique qui pose des problèmes nouveaux à la communauté humaine[1].

Pour comprendre la spécificité et les enjeux de cette élévation méta-polémique, j'évoquerai brièvement les réflexions menées avec une intensité croissante autour des « mauvaises herbes », des « pestes » et autres « nuisibles », dans un contexte où les dynamiques de symbiose, d'« amphibiose » ou de « pluribiose »[2] bouleversent les principes de base qu'un darwinisme superficiel identifie aux « sciences de la vie »[3].

---

1. Raphaël Liogier et Dominique Quessada, *Manifeste métaphysique*, Paris, Les Liens qui Libèrent, 2019, p. 5.

2. Charlotte Brives, « Politiques de l'amphibiose. La guerre contre les virus n'aura pas lieu », *Le Média*, 31 mars 2020, et « Pluribiose. Vivre avec les virus. Mais comment ? », *Terrestres*, n° 14, mai 2020.

3. Voir par exemple Jan Sapp, Scott F. Gilbert et Alfred I. Tauber, « A Symbiotic View of Life : We Have Never Been

On connaît la triste expérience réalisée à l'échelle d'un continent par la Chine du président Mao : le Grand Bond en avant de la modernisation a commandé à tous les bons citoyens d'éradiquer une série de « nuisibles » entravant le développement économique du pays (oiseaux mangeurs de semences, rats mangeurs de récoltes). Au lieu d'augmenter la production, ces campagnes d'extermination ont causé des catastrophes en chaîne dont chaque remède empirait les conséquences désastreuses : le massacre des oiseaux a causé la multiplication des insectes dont ils étaient les prédateurs ; les pesticides utilisés contre les insectes ont causé la disparition des pollinisateurs ; etc. La morale de cette fable animale pourrait servir de principe à la méta-polémologie : il n'y a pas de pire ennemi que la volonté folle d'éradiquer ses ennemis. Tel est le principe d'ambivalence fondamentale que pointe l'*amphibiose* : toute mauvaise herbe peut avoir ses bons côtés, tout « ravageur » contribue à l'ajustement de son écosystème – tant du moins que l'introduction d'un déséquilibre (pesticide,

---

Individuals », *The Quarterly Review of Biology*, vol. 87, n° 4, 2012, ainsi que les contributions de Olga Potot, Anne Sauvagnargues et Yang Jeonghyun au numéro 82 (2014) de la revue *Chimères*, consacré aux « Herbes ».

herbicide) ne lui permet pas de pulluler de façon autodestructive[1].

Concevoir les êtres vivants non pas comme des isolats individualisés, mais au sein d'holobiontes dont les complexités échappent nécessairement à nos savoirs toujours partiels, nous oblige à un certain nombre de gestes de prudence. Cette obligation de prudence est à entendre dans ses résonances étymologiques : s'il faut *re-specter* (au sens d'y « regarder à deux fois ») jusqu'à nos ennemis apparents, c'est parce que nous sommes attaché·es (« lié·es », « ligué·es ») à nos symbiotes par davantage de fils que nous ne pourrons jamais compter (« prévoir », « prévisionner », « provisionner »). La logique de l'*oikos*, qui fait le cœur de l'*éco*logie, suggère que nos milieux de vie, dès lors qu'ils se sont soutenus dans l'existence sur une certaine durée de temps, ont instauré des relations d'interdépendance qui excèdent nos capacités d'intellection, et donc nos certitudes de jugement. Tel ennemi dans telle bataille ponctuelle peut se révéler un irremplaçable allié dans un conflit d'un tout autre ordre.

1. Voir Baptiste Morizot, *Raviver les braises du vivant. Un front commun*, Arles/Marseille, Actes Sud/Wildproject, 2020, p. 115-125.

Les défis auxquels nous faisons face à l'âge du Plantationocène se nouent autour des retournements d'alliés en ennemis et de solutions provisoires en problèmes durables – tels que les illustre de façon emblématique l'épisode dramatique des campagnes d'extermination des nuisibles dans la Chine maoïste. Quoi de mieux que de planter des arbres pour lutter contre le réchauffement climatique ? Mais quoi de pire que de le faire selon les pratiques agro-industrielles de la plantation mono-espèce, dont la fragilité nourrit les contagions les plus destructrices ?

Les nécessités de la *coexistence* (avec nos ennemis) s'observent aussi bien sur le terrain de la permaculture que dans le champ des idéologies. Amanda Lynch et Siri Veland en donnent une bonne formulation synthétique :

> La reconnaissance de la coexistence permet à différentes doctrines – inconsistantes, incompatibles, irréconciliables entre elles – de persister côte à côte au fur et à mesure de l'exploration des options politiques et des modes de gouvernance. Selon cette définition, la coexistence n'implique pas une proposition ou une probabilité de consensus,

pas plus qu'un résultat gagnant-gagnant ou une résolution de conflit[1].

C'est dans le double cadre très large de nos tardives découvertes des symbioses occultes et des dynamiques multiculturelles qu'il faut resituer nos conceptions des guerres dont est le théâtre la planète Terre. Et c'est à l'aune de l'impératif de coexistence que doivent être testées les doctrines polémologiques.

**Algorithme pour une diplomatie interespèces des interdépendances.** La pensée développée par Baptiste Morizot depuis une dizaine d'années, à partir de l'analyse des modes possibles de coexistence entre loups, humains, prairies, chiens de berger et troupeaux d'animaux domestiqués, sera approchée dans les pages qui suivent comme esquissant la formule d'un *algorithme méta-polémique*. Son enjeu est de déplacer nos réflexions polémologiques vers un niveau structurellement supérieur (*méta*), permettant de nous réorienter de façon plus prudente dans les inévitables conflits qui traversent les mondes des organismes vivants. Sa méthode

1. Amanda H. Lynch et Siri Veland, *Urgency in the Anthropocene*, Cambridge, MA, MIT Press, 2018, p. 6.

consiste en une procédure de type «recette de cuisine» (*algorithme*) aidant à négocier les situations conflictuelles en révisant les *rythmes* ainsi que les échelles de nos interactions, de façon à diminuer les douleurs (*algè*) et les entraves qu'elles imposent à leurs parties prenantes. Suivons donc point par point le cheminement de cet algorithme, tel qu'il est synthétisé dans une quarantaine de pages lumineuses d'un de ses ouvrages récents[1].

0. L'état initial consiste à ressentir un certain affect, résultant des tiraillements subis au contact des tensions et des conflits suscités au sein du tissu d'interdépendances dont se trament nos existences: «C'est le *barbouillement moral* des empathies multiples et contradictoires» (240). Qu'on observe une situation de conflit en étudiant les bergers, les loups, les abeilles, les apiculteurs et les agriculteurs, ou qu'on se trouve soi-même directement engagé, violenté, brutalisé par les saccages qui s'y déchaînent, on commence par se sentir à la fois embarqué dans une cause qui nous dépasse et incapable d'adhérer unilatéralement à une seule des parties qui s'y

1. Baptiste Morizot, *Manières d'être vivant*, Arles, Actes Sud, 2020. (Le numéro de la page sera donné entre parenthèses à la suite de chaque citation.)

affrontent. Le point de vue du lésé qui réclame justice ne parvient pas à occulter le point de vue des interdépendances, dont l'enchevêtrement fait suspecter la possible légitimité des revendications adverses. Le barbouillement équivaut au « sentiment léger mais latent d'être un traître à tous, à force de ne pas choisir un camp *contre* l'autre » (241).

1. Le premier pas de la *position diplomatique* consiste justement, au sein d'une certaine immanence de conflits auxquels on ne saurait échapper, à « trancher fermement *pour* l'ambivalence, à se maintenir dans l'incertitude, dans la pluralité des points de vue contradictoires, pour chercher des solutions plus saines et plus vivables au service des relations d'interdépendance » (241). Cela présuppose qu'on ne soit pas déjà en guerre, assiégé au sein d'un des camps par les agressions de l'autre. Tout le monde n'a donc pas forcément le loisir de devenir diplomate – même si, idéalement, chacun·e peut en principe tenter de s'élever d'une position polémique à une position méta-polémique, conçue comme « un moment d'individuation, un endroit où l'on se retrouve après avoir été bousculé » (258).

2. Paradoxalement, le deuxième pas de la diplomatie interespèces des interdépendances consiste à ne pas viser à faire directement la paix

au sein des conflits dont elle se trouve touchée. Son premier effort n'est pas de désarmer les belligérants, mais de faire apparaître les implications des luttes menées par chacun d'eux. Les interdépendances nous tiennent peut-être attaché·es les un·es aux autres, mais il leur manque souvent cruellement des yeux et des oreilles pour percevoir à quoi elles tiennent, ainsi que des mains pour resserrer les nœuds par lesquels nous y sommes attaché·es. Avant de songer à faire la paix, la diplomate a pour deuxième tâche « d'*armer* le point de vue des interdépendances : lui donner des mains à mettre dans le cambouis, une voix pour ne pas se taire, et une pugnacité politique » (254).

3. Le troisième pas du cheminement diplomatique consiste à clarifier ce qui constitue une *communauté d'importance*, au-delà des simples « intérêts » sur lesquels l'économie politique libérale a cru pouvoir asseoir nos régimes de gouvernement. « Loin de cette idée d'intérêts *définissant* des individus, la communauté d'importance qualifie le branchement fragile entre des collectifs interdépendants de vivants humains et non humains, qui ont en commun que l'habitabilité de leur milieu de vie partagé leur importe » (255). Ces communautés d'importance sont toujours-déjà là, ce sont elles qui permettent la vie dont

nous sommes le produit. L'enjeu de la diplomatie est de les renforcer, de les armer contre ce qui les attaque ou les corrode. Parler d'« importance » permet d'élargir et de dépasser ce qu'il peut y avoir de trop étriqué, minimal, fonctionnel, négatif, dans la notion de dépendance. Nous pourrions certainement vivre sans baleines, sans loups, sans livres, sans Internet : nous n'en dépendons pas pour notre survie, mais pour ce qui permet de *sur-prendre* le plaisir que nous prenons à vivre. « Les interdépendances sont ici à comprendre comme les tissages qui rendent possibles des formes de vie plus prospères, plus épanouies, mieux reliées, plus plurielles, plus riches d'égards pour le monde vivant » (257).

4. La quatrième étape est la plus cruciale, puisque c'est elle qui permet d'élever les conflits au niveau supérieur (méta), grâce à l'introduction d'« une boussole pour naviguer un peu mieux, à la lumière d'analyses concrètes, dans des situations inextricables » (267). Cette boussole superpose aux camps déjà retranchés derrière leurs lignes de front « une nouvelle cartographie politique dans laquelle décentrement empathique et exigence de lutter n'apparaissent plus incompatibles » (268). L'attention plus fine portée aux différentes parties en présence vise désormais à distinguer, au sein de chaque

camp, entre *les amis* et *les ennemis du tissage lui-même* :

> Il y a bien des luttes nécessaires et possibles du point de vue des interdépendances : précisément, contre tous les usages de la terre qui détruisent ou méprisent les interdépendances. Cette lutte se mène au nom d'une communauté d'importance multispécifique, d'une trame d'interdépendances soutenable, contre les usages humains qui la mettent en danger (268).

5. Une fois que, armée de cette boussole, la diplomate a pu retracer au mieux les lignes de front entre amis et ennemis du tissage, une nouvelle méta-stratégie peut être imaginée pour reconfigurer le conflit. La cinquième étape peut alors articuler de façon beaucoup plus classique art de la diplomatie et art du combat : « négociation avec tous les membres du tissage qui le font tenir et tiennent par lui ; lutte contre tous ceux qui le détruisent, l'exploitent en le fragilisant de manière structurelle » (267).

6. La sixième étape consiste toutefois à laisser se déployer la différence de nature qui distingue la méta-polémique de la polémicité traditionnelle : « Il faut que l'empathie circule *jusque* chez

les “ennemis”, entre tous les camps» (269). Les combattant·es englué·es dans les tranchées peuvent difficilement ne pas détester l’ennemi qui cherche quotidiennement à les tuer. Celles et ceux qui tentent de s’élever (même provisoirement) à la position de diplomates s’efforcent, autant que possible, de comprendre ce qui, dans le point de vue des *deux* parties belligérantes, contribue positivement au tissage des interdépendances. La méta-polémique ne se permet pas de juger des personnes pour distribuer certaines dans le camp des «justes» et d’autres dans le camp des «salauds», comme on est inévitablement conduit à le faire dans les tranchées, lorsque nos camarades se font tirer dessus par l’armée adverse. La boussole méta-polémique n’est pas uniquement employée lors de l’étape 4: il faut toujours la garder en main et à l’œil, de façon à *ajuster* constamment les *égards* qu’on doit avoir *jusqu’envers nos ennemis*, jusqu’envers ce qui nous est nuisible. C’est ce qui conduit Baptiste Morizot à «redéfinir la diplomatie interespèces des interdépendances comme une “théorie et pratique des égards ajustés”» (285):

> Les égards à inventer sont «ajustés», et non pas «justes», précisément parce que les êtres en présence sont des êtres en vérité

> inconnus dans leurs puissances : on ne dispose pas de leur statut moral définitif (personne, dignité, fin en soi, moyen, pure matière) ; il faut constamment ajuster et réajuster les égards aux réponses qu'ils nous font, à leurs manières de réagir, de plier notre action pour nous la renvoyer autrement (285).

Ainsi réduit à son squelette en six étapes, l'algorithme méta-polémique de Baptiste Morizot vise bien à diminuer les douleurs individuelles et à multiplier les puissances communes en instaurant de nouveaux rythmes (d'observation, d'attention, de délimitation, d'intervention, d'ajustement) et de nouvelles échelles (qui désincarcèrent les conflits à la fois des tranchées territoriales où ils s'enferrent et des abstractions idéologiques où ils se réifient). La boussole méta-polémique permet de cartographier de nouveaux modes de coexistence avec nos ennemis, qui restent peut-être des ennemis de par les limitations et les nuisances (mineures) qu'ils nous imposent, mais qui peuvent apparaître simultanément dans leur qualité d'alliés, à la lumière des interdépendances (vitales) qui nous lient à eux.

**Guerres sans victoire.** La différence la plus significative entre les guerres classiques et les conflits redessinés par l'algorithme méta-polémique n'a pas encore été abordée. Quand ils ne sont pas maintenus en place par la seule terreur des châtiments promis par leurs supérieurs en cas de désertion, les guerriers des tranchées soutiennent leur combat par l'espoir de vaincre leurs ennemis. Thomas Berns a sans doute raison de centrer la spécificité de la relation guerrière non tant dans le rapport de rivalité ou d'inimitié entretenu avec l'adversaire que dans l'issue forcément déséquilibrée vers laquelle elle tend :

> La guerre apparaît comme la conflictualité la plus nette, non pas tant par son horreur qu'il faudrait quantifier, mais par le fait qu'elle débouche essentiellement sur une disparité (une victoire, une conquête, une défaite) et non sur une réconciliation : ce serait là le vrai scandale de la guerre[1].

Autrement dit, ce qui fait l'essence de la guerre n'est pas la bataille, mais l'incommensurabilité entre la victoire d'un camp et la défaite de l'autre. Tel qu'il se modèle autour du combat

1. Thomas Berns, *La Guerre des philosophes*, *op. cit.*, p. 2.

guerrier, notre imaginaire du conflit postule un horizon de *dénouement* voué à *résoudre* une tension par le *tranchant* qui séparera une victoire d'une défaite. Or c'est peut-être là qu'il faut situer le plus profond leurre de la polémologie – et la plus grande vertu de la diplomatie conceptualisée par Baptiste Morizot.

Contrairement aux guerriers tendus dans l'espoir d'une victoire terrassant leur ennemi, les diplomates des interdépendances savent que leur travail d'ajustement et de réajustement sera interminable. Non seulement les ennemis ne seront pas défaits, ni les nuisibles exterminés, une fois pour toutes. Mais il faudra constamment réajuster nos comportements à ce que nous comprendrons – peut-être toujours plus finement, mais en tout cas toujours partiellement – de ce qui nous fait tenir ensemble dans des coexistences irréconciliables, mais inséparables.

Ainsi émerge une autre facette – méta-polémique – de l'ennemi du tissage : le *solutionnisme*. Evgeny Morozov nous a pertinemment appris à critiquer le « solutionnisme technologique », qui veut nous faire croire que les problèmes sociaux, politiques, écologiques, pourront se résoudre par eux-mêmes dès lors que la magie de l'« innovation » aura fait émerger le bon algorithme, la bonne application, le bon *plug-in*, *patch* ou *fix*[1]. Il convient de généraliser cette critique pour y inclure le solutionnisme *chimique*, qui croit nous débarrasser des nuisibles à force d'épandages (pesticides, herbicides, fongicides) ou dissoudre nos problèmes psychosociaux dans des médicaments (Prozac, Ritaline). Mais, plus largement encore, c'est toute la polémologie qui apparaît comme un très peu réaliste solutionnisme *militaire*. Croire que le tranchant qui sépare un camp victorieux d'un camp défait suffit à « résoudre » une situation de conflit mérite de sembler très naïf – et, ici aussi, la pensée de Baptiste Morizot nous aide à comprendre pourquoi.

Le philosophe traceur de loups permet en effet de remotiver le vieux cliché – fondamentalement guerrier – de l'*homo homini lupus* (l'homme est un loup pour l'homme) en contrastant le destin de deux espèces de loup. Le *Canis dirus* a disparu il y a dix mille ans du continent américain parce qu'il était *trop fort* : les crocs tranchants de ce super-prédateur lui garantissaient des victoires tellement écrasantes sur ses rivaux et ses ennemis que sa prolifération sans obstacle l'a

1. Voir Evgeny Morozov, *Pour tout résoudre, cliquez ici. L'aberration du solutionnisme technologique*, Limoges, FYP, 2014.

rapidement fait épuiser le milieu censé assurer sa survie. En gagnant parfaitement toutes ses batailles, il en est arrivé à devenir son propre et pire ennemi. Le *Canis lupus*, quoique plus faible, était en réalité plus apte (*fit*), parce qu'il était *mieux relié* à ce(ux) qui l'entourai(en)t[1]. Car la vraie force des vivant·es tient moins à la supériorité de leur arsenal militaire qu'à leur capacité d'adaptation à leur milieu : la *fitness* (aptitude) darwinienne ne favorise pas la survie du « plus fort », mais celle du « mieux relié ».

**Diplomaties sans paix.** Le déplacement méta-polémique va toutefois encore plus loin. Non seulement il convient d'envisager des guerres sans victoire, mais il nous faut tout autant concevoir des diplomaties sans véritable espoir de paix. On l'a vu, le travail d'ajustement des égards est infini. Le barbouillement moral est notre condition pragmatique d'agents éthiques reliés au sein d'écosystèmes qui ne seront jamais parfaitement harmonieux. La paix n'est jamais conclusive ni décisive, mais seulement, au mieux, durable (pour un certain temps). L'ajustement

1. Baptiste Morizot, *Les Diplomates. Cohabiter avec les loups sur une autre carte du vivant*, Marseille, Wildproject, 2016, p. 262 *sqq.*, et *Manières d'être vivant*, *op. cit.*, p. 279-287.

n'est pas un état pérenne, mais un processus interminable. Plutôt qu'une lutte finale ou un combat décisif, l'agir vise à hausser le niveau de diplomatie (méta-polémique) pour baisser le niveau de nuisances (sans espérer les éradiquer).

Il serait tentant, à ce stade, de faire basculer la diplomatie interespèces des interdépendances du côté des pensées et des pratiques du *care*[1], ou d'y voir l'appel à une politique de réparations permanentes – avec tout l'intérêt que peuvent présenter ces approches en temps de pandémie et de dommages environnementaux. On raterait toutefois, ce faisant, ce qui fait la spécificité d'une approche diplomatique (plutôt que thérapeutique) s'inspirant de nos rapports aux loups (plutôt qu'aux oiseaux ou aux brebis). Le besoin même de diplomatie présuppose qu'on évolue dans un monde inamical. Le loup figure ce qui résiste à la domestication.

*Care* et réparations sont des affaires de *maintenance*. La vie y apparaît dans sa vulnérabilité, comme une donnée déjà acquise qu'il faut s'efforcer de conserver et de maintenir à flot. La diplomatie vise moins à la maintenance d'un

1. Voir Sandra Laugier, Pascale Molinier et Patricia Paperman, *Qu'est-ce que le care ? Souci des autres, sensibilité, responsabilité*, Paris, Payot, 2009.

acquis qu'à l'*instauration* d'un nouvel agencement. Elle participe d'une aspiration à changer le monde plutôt qu'à le conserver. Elle postule que la vie est non seulement intrinsèquement précieuse, mais aussi intrinsèquement conflictuelle. Le travail d'ajustement n'est pas seulement à situer du côté du soin, mais tout autant du côté d'une exigence de justice – justice purement immanente dont Laurent Bove a bien décrit l'entre-jeu relationnel en parlant de « stratégie du conatus[1] ».

*Care* et diplomatie, au demeurant, ne méritent d'être mis en contraste que pour mieux montrer leur complémentarité. Il ne s'agit surtout pas de les opposer, comme s'il y avait à choisir entre eux. Tout l'enjeu de nos défis politiques actuels consiste bien plutôt à savoir les articuler comme deux moments également nécessaires de nos rapports éco-politiques entre vivant·es. C'est ce qu'essaiera de faire le chapitre suivant.

1. Laurent Bove, *La Stratégie du conatus. Affirmation et résistance chez Spinoza*, Paris, Vrin, 1996.

CHAPITRE DEUX

# Tactiques de coalition

**Politiques désillusionnées.** La diplomatie interespèces des interdépendances relève de politiques qu'on pourrait qualifier de *désillusionnées*. Non pas toutefois au sens où elles seraient dénuées d'aspiration à opérer des transformations majeures dans le désordre du monde. Ce qui les caractérise, c'est plutôt un effort pour s'émanciper de certains leurres qui ont fortement grevé la façon même dont le XXe siècle a conçu la (et le) politique. Il est impossible de mobiliser les énergies sans «faire rêver» d'un monde meilleur, et il n'est certes pas facile de «faire rêver» en annonçant des guerres sans victoire et des diplomaties sans paix... Le défi de notre moment historique n'en consiste pas moins à développer des formes politiques capables d'aviver les conflits de façon non polémique – nous battre en cessant de nous battre : en évitant à la fois les illusions de la polémologie et les naïvetés de l'irénisme. Trois points majeurs semblent devoir être pris en compte dans le développement de telles politiques désillusionnées, mais néanmoins combatives.

1. On pourrait d'abord reconnaître aux formes extrêmement variées de *care* l'énorme mérite de s'engager dans un travail concret de *solidarités de terrain*. La grande force des mouvements socialistes puis communistes a moins tenu à la puissance théorique de leurs idées qu'au patient et peu exaltant travail quotidien de tissage d'entraide, opéré auprès des classes ouvrières par des cohortes de militant·es. Les succès récents des constellations islamistes dans les quartiers et les régions du monde frappées par les iniquités de la (post-)colonisation – comme d'ailleurs ceux des mouvements évangélistes auprès des classes moyennes désorientées par une globalisation qui les enrichit tout en les fragilisant – sont autant alimentés par le dévouement d'un travail de *care* opéré sur le terrain social des solidarités quotidiennes que par la dévotion religieuse envers des textes sacrés. Les mouvements politiques qui se voudront laïques devront savoir

s'ancrer dans de telles pratiques actives (et souvent ingrates) de solidarité de terrain. Heureusement, des armées (pacifiques) de bénévoles sont déjà au travail à tous les niveaux de nos sociétés, et le défi tient ici à savoir mobiliser ces tisseurs de quotidien contre les ennemis communs du tissage – ce qui semble naturel, mais requerra tout un travail d'éducation mutuelle et de coévolution entre la revendication militante et l'attention soignante.

2. On pourrait en deuxième lieu reconnaître l'insuffisance des dévouements de maintenance qui, comme le *care*, se donnent pour visée première de réparer le vivant en cultivant des égards pour les êtres dotés de sensibilité (les « sentiants »). Ces micropolitiques du soin sont nécessaires, mais demandent à être complétées par des *pressions d'ajustement macropolitique* à visée d'équité – visée bien décrite par Baptiste Morizot sous la forme d'« égards ajustés ». Les gouvernements infectés par le virus néolibéral imposent à leurs populations, depuis près d'un demi-siècle, des « ajustements structurels » prétendus inéluctables pour assurer la « compétitivité » des économies dans la grande course en avant productiviste. Comme l'ont bien analysé Éric Alliez, Maurizio Lazzarato, Frédéric Lordon ou

Grégoire Chamayou[1], ces ajustements n'avaient rien de « juste » ni d'équitable. Ils relevaient d'une guerre menée par les détenteurs de capital (fussent-ils des fonds de pension gérés par des syndicats) pour maximiser la plus-value pouvant être extorquée du travail et des désirs humains.

Cet état de guerre n'est malheureusement pas soluble dans les égards du *care*. Il exige des réponses qui prennent acte de la réalité des conflits – mais pour en contourner les impasses par les pratiques d'une diplomatie des interdépendances. Comme le démontre finement Baptiste Morizot, négocier avec des loups ne revient pas à leur faire la guerre : cela consiste à échanger avec eux des signaux susceptibles de faire varier les pressions capables de (re)conditionner leurs comportements. En contraste avec l'accusation fréquente qui réduit (de façon simpliste) le *care* à une affaire de bisounours, une macropolitique jouant sur les pressions d'ajustement est parfaitement cohérente avec les prémisses de l'*homo homini lupus*. L'équité dont se réclame une telle macropolitique n'a rien d'un

1. Voir Frédéric Lordon, *Fonds de pension, piège à cons ?*, Paris, Seuil, 2000 ; Éric Alliez et Maurizio Lazzarato, *Guerres et capital*, *op. cit.* ; Grégoire Chamayou, *La Société ingouvernable*, Paris, La Fabrique, 2018.

principe moral: elle relève d'une forme objective de justice immanente observable au sein des interdépendances, équilibres et solidarités qui structurent tout écosystème (jusque dans ses métastabilités). Le principe – dont la combativité historique n'est plus à prouver – est celui qu'exprime bien le slogan brandi par le comité réclamant la vérité sur la mort d'Adama Traoré (ainsi que par toutes les revendications sociales modernes): SANS JUSTICE, VOUS N'AUREZ JAMAIS LA PAIX (*NO JUSTICE, NO PEACE*).

3. Il est toutefois essentiel, en troisième lieu, de mobiliser la diplomatie pour neutraliser par avance les conflictualités fratricides qui manquent rarement de faire rage *au sein même* des mouvements sociaux se réclamant de l'équité. Socialistes, communistes, anarchistes; léninistes, trotskistes, stalinistes; anti-coloniaux, post-coloniaux, dé-coloniaux; révolutionnaires *vs.* réformistes; écologie profonde *vs.* écologie superficielle; cégétistes *vs.* céefdétistes; revenu universel *vs.* salaire à vie... L'histoire de la «gauche» au XXe siècle se lit comme une litanie terriblement monotone d'ostracismes tragiquement auto-mutilants – ces «divisions à l'intérieur du prolétariat» qu'Éric Alliez et Maurizio Lazzarato identifient comme un obstacle majeur à une victoire contre le Capital dans l'avant-dernière

page de leur long ouvrage. La question est bien encore, ici plus que jamais, de comprendre **COMMENT (cesser de) NOUS BATTRE**.

Le culte de la plus petite différence a conduit les positionnements les plus proches à être les plus farouchement hostiles les uns aux autres. Si chacune de ces différences a pu avoir sa pertinence historique propre, la dynamique scissipare dont elles participaient doit être identifiée comme la cause principale de la pathétique faiblesse macropolitique des mouvements de gauche. La « neutralisation de ces divisions[1] » est la condition première de toute montée en capacité de pression, et donc d'ajustement effectif à l'échelle structurelle (et non seulement interpersonnelle). Ici plus encore qu'ailleurs, les fronts gagneront à se recomposer à la lumière de la boussole méta-stratégique formulée au chapitre précédent : nos vrais ennemis, quels qu'ils soient et d'où qu'ils viennent, sont bel et bien les « ennemis du tissage ». Solidarités de terrain et pressions d'ajustement macropolitique appellent donc *la constitution de fronts communs* soucieux de prévenir la dynamique scissipare des polémicités intestines.

1. Éric Alliez et Maurizio Lazzarato, *Guerres et capital*, *op. cit.*, p. 439.

**Ingouvernabilité.** Outre la capacité argumentative d'accepter qu'un adversaire puisse avoir de bonnes raisons pour s'opposer à nous, la diplomatie se révèle également une affaire de postures et de ton. Dans un article analysant les leurres et les angles morts de la rhétorique guerrière mobilisée par la réponse macronienne à la crise sanitaire du coronavirus, Sandra Laugier, Pascale Molinier et Patricia Paperman identifiaient au *patriarcat* une certaine attitude autoritaire décrétant de haut des solutions excluant toute contestation – sans que les démentis flagrants imposés à ces solutions par la réalité quelques jours plus tard entament d'un pouce la fière assurance de ces dirigeants[1]. Sans faire de la douceur une qualité «féminine», ni imputer à la seule testostérone la polémicité intestine entre frères ennemis qui a été si dommageable aux capacités macropolitiques de la gauche, il serait sans doute bienvenu de faire la part des positionnements genrés dans les postures guerrières.

On touche ici à une zone limite – sinon inavouable, du moins largement occultée – de ce

1. Sandra Laugier, Pascale Molinier et Patricia Paperman, «Nous défendre – face au discours politique sur le Covid-19», *AOC*, 7 avril 2020. Voir aussi l'*Abécédaire des bifurcations* par Cora Novirus, qui constitue le n° 80 de la revue *Multitudes* (septembre 2020).

qui structure les champs de bataille idéologiques. En deçà de la force logique des arguments ou de la puissance destructrice des armements, on sous-estime trop fréquemment l'importance de ces phénomènes de surface que sont le style, le ton ou la posture rhétorique – souvent relégués à «tout ce reste» qui ne serait que *littérature*. L'énonciation «patriarcale» de nos dirigeant·es politiques (porteur·es de jupe ou de cravate) suffit à les disqualifier épidermiquement auprès de larges segments (jeunes) de la population. Une bonne part du «rejet du politique» dont se plaignent pouvoirs en place et médias dominants – avec force lamentations devant l'abstentionnisme électoral – tient à ce «dégoût» éprouvé par beaucoup d'entre nous au contact d'un certain type d'énonciation, à la fois autoritaire et autoritative, confiante et magistrale, que partagent aujourd'hui nombre de maître·sses d'école, professeur·es d'université, chef·fes d'entreprise et responsables politiques.

Si nous devenons «ingouvernables», c'est que nous sommes simultanément en quête désespérée de certitudes à quoi nous raccrocher et en saine méfiance envers tout ce qui ressemble à une pantomime de confiance infondée. Or, grâce à l'élévation du niveau d'alphabétisation et d'éducation supérieure, grâce à l'accessibilité inédite d'informations en ligne (plus ou moins vraies ou fausses), nous avons toujours davantage de bonnes raisons de nous méfier des messages (nécessairement simplificateurs) qui nous sont servis avec trop de «pédagogie» surplombante (c'est-à-dire de condescendance).

Toutes et tous, décrocheurs aussi bien que normaliennes, nous ignorons plein de choses que nous devrions savoir: nos interdépendances nous rattachent à des milliards d'êtres vivants, de problèmes éthiques et de conflits politiques, de dévouements solidaires et de ravages écocidaires, sans que nous puissions nous faire une idée un tant soit peu claire de ces enchevêtrements de causalités. Toutes et tous, nous cherchons à comprendre ce qui nous affecte, parce que notre vie, notre bien-être et le sort de nos proches en dépendent. Mais toutes et tous, nous ne pouvons qu'être (un peu, beaucoup, passionnément) perdu·es dans les plis et replis infiniment compliqués de nos existences intriquées. Aussi désorienté·es soyons-nous, comment toutefois ne pas être incrédules face à des dirigeant·es qui nous promettent une «sortie de crise» imminente, un ruissellement garanti de richesses toujours plus inégalement distribuées, la solution prochaine de problèmes environnementaux dont les courbes s'obstinent à persévérer dans la mauvaise direction?

Notre ingouvernabilité ne tient ni au venin répandu par les théories conspirationnistes, ni aux mauvaises volontés de classes populaires revêches à l'éducation «citoyenne», mais bien à des relations d'interdépendance défiant nos capacités (individuelles et collectives) d'orientation. Il faudrait plutôt se réjouir de nous voir de plus en plus sceptiques envers les discours d'autorité qui – sous le flambeau de la prétendue «science» économique (orthodoxe) – nous entraînent de plus en plus évidemment vers l'effondrement social et écologique. Plutôt que de nous lamenter devant le manque de confiance qui lamine le pouvoir effectif de nos gouvernants, de nos scientifiques et de nos médias dominants, commençons par reconnaître leur responsabilité dans les mensonges sur lesquels sont désormais bâties nos sociétés: aventures militaires lointaines contre des armes de destruction massive imaginaires, ou pour l'éradication d'un terrorisme qui s'en trouve encouragé; courbe de Laffer invoquant de fantaisistes lois d'airain pour réduire le taux d'imposition des richesses censées ruisseler naturellement vers les plus pauvres; promesse d'innocuité d'une industrie nucléaire dont nul ne sait comment gérer les tonnes de déchets accumulés pour cent mille ans à venir; baudruche de voitures électriques revendiquées « propres » grâce à l'occultation des rapports attestant leur saleté...

Ce qui serait étonnant, c'est que, après tant de bourdes et de couleuvres, les « gens », c'est-à-dire *nous*, croient encore à ce que leur assurent les experts encravatés. C'est la plus élémentaire lucidité qui, en nous rendant justement incrédules envers les autorités traditionnelles, nous pousse dans les bras des discours complotistes. La vérité de ces derniers tient à leur suspicion critique, même si leur imposture les condamne à projeter une maîtrise intentionnelle toute-puissante pour ne pas avoir à affronter le manque inquiétant de savoir et de pouvoir effectif qui fait dériver notre monde d'accident en aléa.

L'extravagance de la gestion gouvernementale et médiatique de l'épisode Covid-19 n'a eu de pair que l'extravagance des discours dénonçant cette extravagance. En quelques mois, tous les responsables ont démontré leur ignorance et leur incompétence (depuis les ministres clamant l'inutilité du masque avant d'en obliger le port sous peine d'amende jusqu'aux experts de la revue *Lancet* révélant la fragilité constitutive des vérités scientifiques), tandis que tous les dénonciateurs illustraient les limites, les faiblesses et les facilités des discours d'incrimination (depuis le fantasme d'une surveillance toute-puissante chez Giorgio Agamben jusqu'au complotisme vulgaire des anti-masques et du film *Hold-Up*).

La leçon à tirer d'un tel épisode est au moins double. Nos populations sont devenues trop épidermiquement critiques pour continuer à être gouvernables par les ressorts traditionnels des discours d'autorité – et c'est tant mieux, parce que ce sont ces discours qui nous menacent aujourd'hui d'une casse sans précédent. L'illusion principale qui hante cette lucidité salutaire consiste à projeter le fantasme (finalement rassurant) d'un ennemi tout-puissant là où nous devons surtout apprendre à confronter l'abîme de nos vulnérabilités inéluctables, de nos ignorances indépassables et de nos extravagances comiques. Là aussi, le défi est d'apprendre à *faire avec* nos incompétences – au double sens d'accepter nos inévitables défauts de maîtrise, mais surtout de mettre en commun nos compétences lacunaires pour tenter de rafistoler les unes avec et par les autres.

**Puissances et limites des fuites.** Comment s'étonner, dans un tel contexte, qu'un nombre croissant d'entre nous préfèrent déserter la scène de tragicomédie qu'est devenue la « politique » ? Comment toutefois ne pas mesurer aussitôt les menaces que cette attitude de fuite fait peser sur nos biens communs ? Si bon nombre de penseur·es de la gauche radicale ont pu prôner la fuite (le marronnage, la désertion, les ZAD, les quilombos) comme la forme de subversion la plus menaçante envers les pouvoirs en place, plusieurs voix s'élèvent désormais pour affirmer que notre époque ne peut plus se permettre le luxe de l'escapisme.

Les guerres du climat et la diplomatie des interdépendances recontextualisent cette question d'une façon éclairante. Dans les analyses issues des travaux d'Albert Hirschman[1], la fuite (*exit*) apparaissait comme une troisième voie échappant à la fois aux douleurs de la guerre et aux difficultés de la diplomatie. Lorsque je me retrouve au sein d'une organisation sociale qui m'opprime, ou dont je n'approuve pas les orientations, trois attitudes possibles s'offrent à moi : je peux 1° entrer en lutte à outrance contre celles et ceux qui m'y semblent jouer un rôle nuisible pour neutraliser leur pouvoir, les discréditer, les évincer, les supprimer « par tous les moyens nécessaires » (c'est l'option de la *guerre*) ; je peux 2° me limiter à exprimer mon désaccord (*voice*, prise de parole), en espérant convaincre

1. Albert O. Hirschman, *Défection et prise de parole*, Paris, Fayard, 1995.

les autres de la nocivité des politiques en place et du besoin d'en changer, mais en me soumettant aux procédures de débat et aux modes de décision déjà institutionnalisés, et en respectant leur résultat, même si celui-ci ne va pas dans le sens que je souhaite ; ou je peux 3° préférer sortir d'une organisation que je crois non réformable, ou qui ne me semble mériter ni une lutte à mort ni une campagne (au résultat incertain) de conviction des esprits et de conquête des cœurs (*exit*, fuite).

Les vingt dernières années ont vu fleurir les éloges de la fuite, qui ont pu se présenter tantôt comme une alternative aux pièges du jeu politique, tantôt comme la politique conçue dans sa forme la plus pure[1]. Récuser les termes du débat, refuser le terrain convenu du combat : la fuite (*exit*) prive le pouvoir de toute l'emprise qu'il a encore sur nous quand nous résistons à son oppression, puisque nous ne faisons alors que réagir à ce qu'il a choisi d'initier. Ne pas faire

1. Voir par exemple, dans des genres très divers, Yann Moulier-Boutang, *De l'esclavage au salariat. Économie historique du salariat bridé*, Paris, PUF, 1998 ; Stefano Harney et Fred Moten, *The Undercommons. Fugitive Planning and Black Study*, Wivenhoe, Minor Composition, 2013 (traduction française à paraître aux Éditions Brook) ; Dénètem Touam Bona, *Fugitif, où cours-tu ?*, Paris, PUF, 2016.

attention à lui : voilà la façon la plus radicale de l'affaiblir, dès lors qu'il se nourrit de nos forces (et de nos résistances).

Si la conflictualité paraît aujourd'hui devoir revenir en force, c'est sans doute qu'on mesure les limites de tels éloges de la fuite. Grâce à des moyens de surveillance (numérisés, algorithmiques) inédits, les pouvoirs en place savent faire de plus en plus finement attention à celles et ceux qui ne feraient pas attention à eux. Il est symptomatique que Grégoire Chamayou ait parlé de « société de ciblage » pour désigner un nouveau régime de pouvoir se superposant aux modalités de la « souveraineté », de la « discipline » et du « contrôle » (esquissées par Michel Foucault et Gilles Deleuze). Non seulement, comme le rappelait récemment Frédéric Lordon, il n'est guère réaliste – dans nos conditions actuelles d'interdépendances à échelles massives – de « vivre sans » les appareils d'organisation traditionnellement identifiés au « pouvoir ». Mais ces appareils disposent désormais de moyens d'action qui articulent directement le pistage (cognitif) et le ciblage (offensif). Dans un monde surveillé par satellite et survolé par des drones, les marrons du XXI^e^ siècle n'ont plus guère de mornes où abriter leur fuite. C'est l'écart même (la déviation, l'*exit*) qui déclenche la suspicion (par corrélation algorithmique), le ciblage, et bientôt le tir. Si les rapports de guerre sont dépassés, ils ne se trouvent pas remplacés par des jeux d'esquive, mais par des logiques de chasse[1].

Dès lors que la fuite fait de nous des proies dépourvues de repaires où se terrer, nous devons bien nous battre (contre ce qui nous chasse), en veillant à ne pas nous battre (entre nous). Faute de pouvoir «vivre sans», nous devons apprendre à *faire avec* – au sens que Michel de Certeau nous aide à repérer dans les arts de faire et les inventions du quotidien: faire avec l'état donné des rapports de force en développant des usages inattendus susceptibles de prendre le contrepied et la contrebande des habitudes dominantes et des aliénations prédatrices[2]. Faire avec ce qu'on a sous la main, selon l'attitude du bricoleur plutôt que de l'ingénieur. Mais surtout faire avec celles

1. Gilles Deleuze, «Post-scriptum aux sociétés de contrôle», in *Pourparlers*, Paris, Minuit, 1990, p. 240-247; Frédéric Lordon, *Vivre sans*, Paris, La Fabrique, 2019; Grégoire Chamayou, *Théorie du drone*, Paris, La Fabrique, 2011, et «Avant-propos sur les sociétés de ciblage», *Jef Klak*, n° 2, 2015, en ligne sur https://www.jefklak.org/avant-propos-sur-les-societes-de-ciblage/.

2. Michel de Certeau, *L'Invention du quotidien*, t. I: *Arts de faire*, Paris, Gallimard, 1990.

et ceux auxquel·les on tient et par lesquel·les on tient.

**Besoins de fidélités.** Ce faire-avec-les-autres (qui sont aussi les nôtres) est peut-être le plus difficile. Les insuffisances de la fuite sont surtout observables dans la scissiparité du militantisme progressiste. Voilà plus d'un siècle que les mouvements de gauche s'impuissantent en multipliant leurs divisions internes. Depuis la prolifération des Internationales (2e, 3e, 4e) jusqu'à l'incapacité à présenter un candidat unique aux élections présidentielles, les antagonismes internes ont presque constamment sapé la capacité à monter des fronts de lutte externes. Au terme d'épisodes fratricides, les partis, les syndicats, les revues ont géré par la fuite leur impossibilité à tenir ensemble : des sous-groupes en cascade s'autonomisent autour de leur certitude idiosyncrasique à mieux savoir regrouper les forces.

La bonne volonté ne suffira pas à endiguer cette scissiparité, qui a des causes structurelles. Les multitudes d'organisations disséminées – aussi souvent partenaires et alliées qu'ennemies et rivales – forment un très riche écosystème, précieux pour sa diversité. Aligner tout ce petit monde hétérarchique pour le faire marcher au pas d'une hiérarchie unique et verticale serait le pire service à lui rendre. Comme l'ont illustré les mouvements sociaux des deux dernières décennies (hélas sans grand succès), le défi ne consiste pas à homogénéiser, mais à augmenter (et améliorer) la *coordination* entre ces forces éparses dont l'hétérogénéité est irréductible et dont le pluralisme est souhaitable.

Pour favoriser cette coordination, on peut s'aider d'une distinction entre, d'une part, le choix justifié d'une fuite envers les pouvoirs du majeur et, d'autre part, le besoin de cultiver une certaine fidélité envers l'organisation du mineur. Cette dernière formulation est quelque peu énigmatique et requiert d'être dépliée en plusieurs étapes.

Opposer la fidélité (ou la loyauté) à la fuite requiert tout d'abord de préciser *à quoi* se sentir fidèle. Endiguer la scissiparité des forces de gauche semble *a priori* imposer de renforcer la fidélité envers une organisation (parti, syndicat, association, média). Gagner en puissance collective exigerait alors de colmater les fuites, afin que davantage de forces tiennent (durablement) ensemble. La figure du militant fidèle à la ligne du Parti – envers et contre tout – a toutefois été largement discréditée durant la seconde moitié du XX^e^ siècle, et il ne semble ni souhaitable ni possible de la ressusciter à large échelle. Nous sommes (heureusement) ingouvernables, parce que nous avons pris l'(heureuse) habitude de mener des réflexions critiques et de mettre en question les autorités et les ordres qui nous sont assénés d'en haut. *Cogito, ergo divisi summus*. Pas question de revenir en arrière : il faut apprendre à nous rassembler *par-dessus* nos divisions, mais sans les nier ni les étouffer, car elles sont le résultat et le symptôme de notre pluralité réfléchissante.

À quoi donc être fidèle, si ce n'est pas à un parti ? Dans les développements importants qu'a consacrés Alain Badiou à la fidélité, il construit cette dernière comme fidélité non à une entité existante, mais à un *événement*[1]. Être chrétien, c'est être fidèle à la croyance en l'événement que fut la venue du fils de Dieu, destiné à sauver les humains. Être communiste, c'est être fidèle à la croyance en ces événements que furent les révolutions prolétariennes promettant d'émanciper les travailleurs. Être amoureux, c'est être fidèle à la promesse (jamais assurée) d'une rencontre dont le ravissement originel ne prend consistance que dans les dures réalités d'une certaine durée (toujours fragile). Un événement, selon Badiou,

1. Alain Badiou, *L'Être et l'Événement*, Paris, Seuil, 1990.

n'est pas quelque chose d'attestable scientifiquement : on ne peut ni le toucher, ni prouver qu'il a été ce qu'on voit en lui. Il est ce qui suscite une certaine fidélité en orientant l'action de celles et ceux qui se référeront à lui après coup.

Même si la structuration de l'événement (et de ses effets) proposée par Alain Badiou est réellement inspirante, le fait qu'elle soit tournée vers un événement passé me semble insatisfaisant. Pour combler l'éparpillement et compenser les tentations de fuite débilitante, nous avons besoin d'une fidélité à autre chose qu'un événement passé. C'est ce que nous apporte la pensée d'Erin Manning, qui peut nous servir ici de guide, prenant le relais de celle de Baptiste Morizot, qui a inspiré le chapitre précédent. L'événement, pour elle, est toujours en train de se faire. Même si sa signification n'émergera que rétrospectivement, parfois bien après son occurrence, il se conjugue toujours au présent de celles et ceux qui vivent leur vie (*life-living*). C'est dans les *gestes* émergeant en nous que se ponctuent les événements qui scandent notre expérience. C'est envers une certaine qualité de ces gestes et de ces événements qu'on peut vouloir développer une certaine fidélité. Et c'est en référence à cette qualité et à cette fidélité qu'on peut espérer se doter d'une autre forme de tactique politique dont puissent résulter d'autres types de coalition.

**Le mode mineur.** Cette qualité est ce qu'Erin Manning définit, à la suite de Deleuze et Guattari, comme le *mineur*. Celui-ci est souvent assimilé au « marginal » ou aux « minorités », et il n'est certainement pas faux de le situer du côté des catégories de nos populations qui ont été particulièrement exposées à des discriminations institutionnelles souvent ancrées dans plusieurs siècles d'histoire coloniale, patriarcale, hétéronormée, capacitiste, neurotypique. Ce qu'un Fred Moten appelle la *blackness* dans le contexte du racisme états-unien, ce qu'une Judith Butler a théorisé comme le *queer*, ce qu'un Makan Fofana poétise au nom du *turfurisme*[1] pour valoriser les cultures des banlieues françaises, ce que certains autistes revendiquent sous le terme de neurodiversité – tout cela peut illustrer les liens intimes qu'entretient le « mineur » avec certaines « minorités ».

Erin Manning propose toutefois d'y voir un certain mode d'existence irréductible aux seules questions identitaires :

1. Voir Makan Fofana, « Le turfurisme ou l'invention du turfu », *Multitudes*, n° 81, 2020.

> Un mode mineur est toujours entrelacé à des modes majeurs – le mineur travaille le majeur de l'intérieur. Il faut se rappeler ceci : ni le mineur ni le majeur ne sont fixés à l'avance. Le majeur est une tendance structurelle qui s'organise selon des définitions prédéterminées de la valeur. Le mineur est une force qui traverse cette organisation, déstabilise son intégrité structurelle et problématise ses principes normatifs. [...] Si les grands gestes d'une macropolitique résument plus facilement les changements produits pour altérer le champ, ce sont les tendances minoritaires qui initient les décalages subtils qui ont créé les conditions pour ces changements, et pour tout changement[1].

Cultiver une certaine fidélité envers l'organisation du mineur implique de laisser travailler le mineur au sein du majeur. Nous ne pouvons pas vivre collectivement sans certaines normes, sans certains étalons de valeur prédéterminés qui assurent une certaine coordination entre nos gestes. Le majeur ne correspond pas forcément

1. Erin Manning, *Le Geste mineur*, Dijon, Les Presses du réel, 2019, p. 9.

à ce qui est statistiquement majoritaire, mais à ce qui fait étalon normatif à l'aune duquel sont valorisées nos identités et nos performances. Même si, dans certaines villes brésiliennes, les rues sont peuplées en immense majorité de descendant·es d'esclaves africain·es, il suffit de lever les yeux vers les affiches publicitaires pour voir que l'étalon de réussite sociale – le majeur – est identifié aux visages pâles.

Ces tendances structurelles majeures, qui assurent la reproduction massive du même, sont toutefois constamment taraudées par des tendances mineures qui multiplient les variations, écarts, décalages, déphasages plus ou moins imperceptibles ou dérangeants. Au sein des agendas fonctionnels préformatés par tout appareil organisationnel, le geste mineur apparaît comme ce qui est toujours quelque peu en excès ou en défaut sur l'attente programmée[1].

Dans son mouvement, le geste mineur crée des lieux de dissonance, met en scène des perturbations qui ouvrent l'expérience à

1. Sur cette définition du geste comme ce qui excède le programme, voir Vilém Flusser, *Les Gestes* [1990], Marseille, Al Dante, 2014, ainsi qu'Yves Citton, *Gestes d'humanités. Anthropologie sauvage de nos expériences esthétiques*, Paris, Armand Colin, 2011.

de nouveaux modes d'expression. En faisant sentir la limite de l'événement, l'intervalle opératoire où l'événement excède la somme de ses parties, le geste mineur réoriente l'expérience ponctuellement[1].

La fidélité au mineur implique donc de préserver la possibilité du geste (dans son excédent ou son défaut) à l'intérieur des dispositifs de programmation indispensables à tout fonctionnement organisationnel. C'est bien une fidélité à l'événement en train de se faire, à la « pré-accélération » en train de prendre force, à la vie en train de se vivre, c'est-à-dire à ce qui, au sein de l'expérience, excède les normes, étalons, attentes, cadrages qui la structurent par avance.

En première approximation, on pourrait donc défendre le double principe d'une fuite revendiquée envers la domination du majeur et d'une fidélité assumée envers la consistance du mineur. Or cela risquerait de nous faire retomber dans les dynamiques scissipares dénoncées plus haut, puisque seul ce qui nous différencie, nous décale, nous déphase, s'en trouverait

1. Erin Manning, *Le Geste mineur*, *op. cit.*, p. 11. Voir aussi Erin Manning et Brian Massumi, *Pensée en acte*, Dijon, Les Presses du réel, 2018.

valorisé. Le problème vient du fait qu'opposer ainsi fidélité et fuite laisse penser que les deux se situent au même niveau, à la même échelle, sur le même registre. Comme dans le cas de la méta-polémique discutée au chapitre précédent, ma suggestion consiste au contraire à déplacer le terrain des confrontations pour l'étager sur deux strates superposées.

Sur le plancher des vaches, certes, le geste mineur se présente sous la forme de ce qui fuit les étalons de valeur. La fidélité au mineur y apparaît simplement comme ce qui résiste (ou est indifférent) aux pressions poussant en direction du majeur. Tout effort d'organisation risque alors de se trouver corrodé de l'intérieur par cette dynamique centrifuge – comme on le constate dans les rivalités et détestations sectaires opposant des organisations politiques d'autant plus proches qu'elles exacerbent leurs plus petites différences.

Une nouvelle politique de coalition est toutefois rendue possible dès lors qu'on s'élève à un niveau méta-polémique qui *érige la défense des gestes mineurs au rang d'une fidélité commune* susceptible de nourrir une nouvelle normativité majoritaire macropolitique. De même que le chapitre précédent proposait, avec Baptiste Morizot, de neutraliser certaines inimitiés de terrain pour les élever à une lutte commune contre les «ennemis du tissage», de même ce chapitre propose-t-il, avec Erin Manning, de neutraliser certaines allergies relationnelles ou idéologiques pour mener une tactique de coalition orientée par une double fidélité – fidélité envers quelques objectifs pragmatiques généraux et fidélité envers la valorisation des gestes mineurs.

***Sympoïèse* et coalitions.** À la fidélité au Parti (à sa ligne, à son chef, à son comité central), il s'agit de substituer une fidélité à deux types d'événements en train de se faire. D'une part, des événements macropolitiques visant à transformer les structures qui conditionnent les tendances majoritaires de nos sociétés: on s'allie ici, selon les problèmes discutés, avec quiconque œuvrera pragmatiquement pour la diminution des inégalités sociales et géopolitiques, la réduction des émissions de gaz à effet de serre, la protection de la biodiversité, etc. On pourrait parler dans ce cas de fidélité envers certains «idéaux» qui ne valent que pour ce qu'ils parviennent à transformer pratiquement dans le monde réel. Parler d'«événements» plutôt que d'idéaux aide toutefois à sortir du schéma d'une nécessité historique (inéluctable) destinée à rapprocher progressivement la réalité d'un horizon qui la surmontait idéalement dès le début.

S'il faut impérativement s'allier contre les ennemis du tissage, c'est qu'ils semblent tenir le haut du pavé depuis plusieurs décennies (dans leur variante néolibérale) et qu'ils paraissent bien placés pour rafler la mise des années à venir (dans leur variante national-souverainiste). Ce sont bien des «événements» (improbables) dont nous sommes appelé·es à bricoler les formes et les contenus (manifestations, occupations, blocages) pour faire bifurquer le cours de notre monde à l'encontre de ses apparentes nécessités. Ces événements requerront (et précipiteront en retour) la composition de larges fronts populaires où devront se côtoyer des sensibilités politiques *a priori* très différentes et jusqu'ici antagonistes. Les coalitions devront être pragmatiques et relatives à des problèmes concrets. Face à toute mesure proposée, la difficulté tiendra (comme toujours en politique) à démêler en quoi elle contribue à nous rapprocher d'un objectif donné, avec quels effets secondaires, quel impact (potentiellement négatif) sur un autre objectif également important – les débats devant faire émerger des arbitrages toujours imparfaits, discutables et frustrants.

Une seconde fidélité a pour objet, d'autre part, la valorisation des gestes mineurs, c'est-à-dire la préservation et le développement d'un espace d'accueil au sein duquel ils puissent initier les décalages subtils générateurs de tout changement et de tout événement. Cette fidélité porte moins sur des contenus (inégalités, environnement, sécurité) que sur des *attitudes*[1]. L'enjeu central est de défendre la place et l'importance propres au mineur, toujours exposé au risque d'être écrasé par les évidences et les autorités inhérentes au majeur. De même qu'un déplacement des fronts proposait de réorienter les coalitions contre les ennemis du tissage, le pari consiste ici à réorganiser les alliances pour neutraliser les effets d'oppression émanant des *ennemis du mineur*.

Cela commence par la façon même dont les parties prenantes se comportent les unes envers les autres au cours des discussions et des confrontations. Ceux qui n'écoutent pas les autres finissent rarement par être entendus (même lorsqu'on est forcé·e de les écouter). Il est frappant d'observer aujourd'hui, lors

1. Voir sur ces points les belles réflexions de Sébastien Charbonnier, *Aimer s'apprend aussi. Méditations spinoziennes*, Paris, Vrin, 2018.

des assemblées générales qui sont devenues la forme fétiche des mouvements sociaux, à quel point un certain ton militant – assuré d'avoir les réponses avant même de poser les questions – aliène une large part des bonnes volontés initialement rassemblées. Notre ingouvernabilité ne tolère plus la supériorité affichée par quiconque croit parler d'autorité – que ce soit celle d'un appareil d'État, d'un savoir académique, d'une certitude idéologique ou d'un passé militant. Seule une tonalité mineure peut désormais faire émerger des alliances qui soient à la hauteur de nos défis et de nos attentes. La fidélité envers le mineur attend de ses adeptes une méfiance envers leur propre présomption de savoir et de pouvoir[1].

---

1. Le *caveat lector* formulé plus haut mérite bien entendu d'être gardé en tête tout au long des discours sentencieux de l'analyste, du philosophe, du théoricien ou du prêcheur que tient ici Yves4050, avec une « présomption de savoir » dont il appelle à nous débarrasser. De quel « nous » – et surtout de quelle minorité ! – le petit-bourgeois-blanc-hétéro-tondeur-de-gazon se sent-il donc investi en ventriloquant les beaux principes d'Erin Manning ? À chacun·e de juger si l'on peut croire aux vertus des jeux d'énonciation littéraires où le masque qui dit *je* (ou *nous*) ne colle jamais complètement au visage du locuteur, et où le visage lui-même fait l'objet d'une plasticité et d'une *poiesis* expressives. Conformément à ce

Les coalitions requises par les confrontations en cours et à venir gagneront donc à être repensées non seulement en termes de lutte contre les ennemis du tissage, mais aussi en termes de neutralisation des ennemis du mineur. Ici aussi, toutefois, l'articulation des deux ne saurait se faire au même niveau – et c'est peut-être d'une bonne compréhension de leur dénivellation que dépendra l'issue des conflits.

Au niveau de nos fréquentations quotidiennes, de nos engagements concrets, de nos collectifs d'action, de nos groupes de travail et de nos voisinages de cohabitation, la fidélité envers le mineur prend la forme d'une *inversion de valeur* – inversion qui n'est ni spontanée, ni intuitive, ni aisée, ni même pleinement réalisable, et qui ne peut donc relever que d'un *effort*, dirigé contre l'inertie de nos héritages et contre les facilités

---

qu'écrit Erin Manning à propos du geste mineur, l'écart entre le visage et l'identité « crée des lieux de dissonance, met en scène des perturbations qui ouvrent l'expérience à de nouveaux modes d'expression ». Ces « jeux » énonciatifs – au triple sens du jeu qui peut donner une certaine marge de manœuvre au sein d'un mécanisme (*wiggle room*), du jeu dans lequel on mise sans être sûr de gagner (*game*) et du jeu théâtral de représentation d'un rôle (*play*) – font sentir et tester les « limites de l'événement », instaurant un « intervalle opératoire où l'événement excède la somme de ses parties ».

de nos attentes. Au lieu de condamner ce qui s'écarte de nos habitudes majoritaires (intimement liées à nos modes d'habitation et à nos habitats), nous devons apprendre à considérer le mineur avec curiosité pour essayer de l'accueillir au mieux, au prix de quelques accommodements. Davantage encore que de cultiver une (paradoxale) attente d'inattendu (pourtant constitutive d'une certaine modernité), l'enjeu est ici de reconnaître le mineur comme la principale source de constante régénération de nos sociétés appelées à s'adapter à des milieux en mutation accélérée. Accueillir et valoriser le mineur est plus nécessaire que jamais à l'heure où tant de nos habitudes doivent changer de façon si rapide et si radicale, puisque, comme le disait Erin Manning, c'est « le geste mineur [qui] réoriente l'expérience » et puisque, comme l'illustre l'histoire récente, « ce sont les tendances minoritaires qui initient les décalages subtils qui ont créé les conditions [...] pour tout changement ».

La force propre du mineur tient à ce que les minorités sont condamnées à « faire contre » un état de choses et de domination qui les oppresse à travers une norme inique. Elles ne peuvent affirmer leur existence qu'en luttant contre cette iniquité, contre cette norme, pour un état de choses à venir moins oppressant, moins conflictuel. Les minorités sont la force motrice des divers ajustements du monde – les facteurs de cette justice sans laquelle nous n'aurons jamais la paix. Les accommodements auxquels nous poussent les revendications minoritaires sont donc à considérer comme des voies d'adaptation à un monde en évolution accélérée, dont les transformations sont aussi rarement inéluctables que fréquemment orthogonales par rapport à nos désirs et à nos attentes.

À ce premier niveau, le défi consiste donc à faire avec celles et ceux qui font contre les étalons majoritaires et leurs impositions oppressives (femmes, LGBTQ+, migrant·es, colonisé·es, criminalisé·es, neurodivers·es, vegans, zadistes, précaires, lycéen·nes, etc.). Ce sont leurs combats qui ont eu le plus de traction politique durant les dernières décennies, et c'est de leurs rangs qu'émanent les revendications transformatrices les plus en phase avec les mutations à accomplir dans les décennies à venir. Ce « faire avec » correspond assez précisément à la *sympoïèse* (correctif nécessaire de l'autopoïèse) où Donna Haraway voit un appel à nous mettre « à l'aune du devenir-avec, du demeurer avec le trouble hérité des dommages et des accomplissements des histoires naturelles-culturelles du colonial et du postcolonial, dans l'effort d'élaborer le récit de récupérations encore possibles[1] ».

Cet effort de *sympoïèse* est un défi, toujours local, toujours difficile, dont les résultats sont toujours incertains et fragiles. Son « faire avec » nous inscrit dans ce que l'aventure humaine a de plus imprévisible et de plus improbable, de plus créatif et de plus réjouissant, de plus exigeant et de plus surhumain. Seul·es des saint·es pourraient s'élever pleinement à sa hauteur, et la sainteté n'est parmi nous qu'éparse et épisodique. S'il est souhaitable d'en favoriser les conditions d'apparition, il serait irréaliste de compter uniquement sur cette sainte poésie pour faire face aux conflits à venir.

D'où le besoin de développer la fidélité au mineur à un second niveau, qui soit non seulement moins exigeant et moins intense, mais surtout plus agrégateur et déployable à plus large échelle. Alors que la *poiésis*, où l'on crée des objets de forme inédite, et la *praxis*, où l'on accomplit des actions communes, requièrent des proximités, des complicités et des sympathies difficiles

1. Donna Haraway, *Staying with the Trouble. Making Kin in the Chthulucene*, Durham, Duke University Press, 2016, p. 125.

à mettre en place et à maintenir dans leur cohésion, les transformations sociales se nourrissent aussi d'énergies moins élaborées relevant davantage de la poussée (dans une certaine direction) que du plan de construction ou du design d'action. On peut revenir au terme grec de *spoudè* (σπουδη) pour désigner ce registre de la *poussée*, en profitant de la continuité qu'il établit entre les notions d'effort, de zèle, d'impatience, de hâte et d'accélération. Pas besoin de partager les mêmes orientations sexuelles, les mêmes rituels religieux, le même passeport ou le même lycée – et aucun besoin de sainteté ! – pour s'inquiéter devant la disparition des abeilles ou pour s'indigner devant l'écart grandissant entre la paupérisation des travailleur·es et l'envolée des revenus financiers.

De larges coalitions peuvent se constituer, à travers des affiliations identitaires très diverses, pour réunir ponctuellement des poussées communes autour de préconisations générales perçues par un grand nombre d'entre nous comme allant dans une direction souhaitable ou inévitable. L'expérience française de la Convention citoyenne pour le climat illustre la possibilité d'une convergence sur des mesures de bon sens devant un problème public, dès lors qu'on aménage de bonnes conditions d'information et de réflexion communes. Au fur et à mesure que les problèmes sociaux exacerbés par les saccages environnementaux se feront plus pressants, nous devrons imaginer des sorties par le haut de situations apparemment inextricables en mobilisant nos capacités à coaliser des majorités ponctuelles formées de minorités agrégées.

Au-delà des défis locaux de la *sympoïèse* et des stratégies rivales de praxis idéale, c'est dans l'impatience de la *spoudè* qu'il faudra aligner nos efforts et nos poussées vers l'accélération de mutations nécessaires. Un symptôme de cette *spoudè* affleure avec le prix Goncourt des lycéens, qui récompense le récit de Djaïli Amadou Amal dénonçant les méfaits d'appels à la patience (« *Munyal!* ») – vertu très ambivalente qui étouffe aussi bien les subjectivités féminines dans les contraintes traditionalistes du patriarcat que nos vitalités communes sous la domination du capitalisme extractiviste. Des ménages camerounais aux lycées français, des campagnes indiennes aux rues chiliennes, nous sommes tous et toutes appelé·es à devenir des impatientes[1].

À ce second niveau, faire avec les minorités implique d'ajuster les égards que l'on porte à leur

1. Djaïli Amadou Amal, *Les Impatientes*, Paris, Emmanuelle Collas, 2020.

irréductible diversité – et donc à leurs capacités d'autodétermination. Les coalitions tactiques évoquées ici peuvent tout à fait s'accommoder de la volonté de certaines communautés de cultiver leurs différenciations au sein de nos interdépendances partagées. La phobie actuelle du « séparatisme » n'a guère d'autre fondement que des nostalgies de domination coloniale (« civilisatrice ») et des visées de récupération électoraliste. Faire avec ces différenciations n'est pas tant un défi qu'une nécessité : la lutte à laquelle on recourt actuellement en s'obstinant à vouloir les faire fondre ne conduit qu'à les pousser vers leurs pires penchants.

Qu'il s'agisse de *sympoïèse* énergisée par les gestes mineurs ou de coalitions de minorités rassemblées en hâte vers une même poussée accélératrice, « faire avec » consiste bien moins à accepter (passivement) la fatalité d'une réalité inéluctable qu'à composer (activement) des forces de création et de changement. La fidélité envers le mineur porte, en dernière analyse, sur ce besoin de socio- et de terra-formation dont les échelles et les implications dépassent complètement celles et ceux qui en seront les agents (toujours infinitésimaux, toujours tâtonnants et toujours insuffisants).

**Tactiques de *care*.** Si les paragraphes précédents expriment bel et bien l'intuition d'une tactique – terme qui nous replace dans le domaine polémologique –, il vaudrait toutefois mieux penser les conflits à venir en termes de *toucher* qu'en termes de coups. Notre défi est peut-être de concevoir une tactique en termes tactiles – et cela sans doute encore davantage à l'heure des gestes barrière et du sans-contact[1]. Nous nous touchons les un·es les autres (par la peau ou par les sentiments) bien plus souvent que nous ne nous frappons. Dans une situation où les armes (militaires ou financières) sont pour la plupart dans les mains de l'ennemi, comprendre et utiliser les pouvoirs quotidiens du toucher sera au moins aussi décisif que savoir porter des coups. Qu'il s'agisse d'ajuster nos distances ou d'affiner nos arguments, de cibler des publics ou d'expérimenter de nouveaux médias, c'est bien l'art tactile et tentaculaire du tâtonnement qui nous sera le plus précieux.

1. C'est ce qu'essaient de faire Stefano Harney et Fred Moten en mettant l'*hapticalité* au cœur de leur démarche et en se présentant comme des « philosophes du toucher » à la fin de *The Undercommons*, *op. cit.* (ce passage est traduit dans les extraits publiés dans le n° 79 de la revue *Multitudes*, 2020).

Accueillir les puissances du mineur dans les luttes pour instaurer de nouvelles tendances majoritaires implique de s'appuyer sur de nouvelles *tactiques de care* davantage que sur les anciennes stratégies de guerre. Nos interdépendances – aussi terriblement inégalitaires soient-elles – font que nous tenons tous et toutes les un·es par les autres, même si toute une série de dispositifs se sont mis en place pour éviter que nous ne nous touchions. Malgré le développement séculaire des télécommunications, de la téléphonie, de la télévision, de la téléconsultation, de la téléconférence et du télétravail, nous ne pouvons pas nous soustraire complètement aux aléas du contact direct – non seulement du fait d'exigences fonctionnelles, mais surtout parce que nous avons besoin de nous toucher les un·es les autres pour sentir que nous sommes vivant·es.

Il n'y a pas que les marchandises fragiles qui soient à «manier avec précaution» (*handle with care*) : nos relations humaines, multipliées, quoique mises à distance, sont au moins aussi fragiles et requièrent le même soin. La main (*hand*) ne peut pas *ne pas* toucher ce(ux) qu'elle manie ; elle doit, dès le plus jeune âge, apprendre à le faire avec précaution, discernement, attention, sollicitude (*care*). Les tactiques de *care* sont nourries des innombrables gestes mineurs au travers desquels nos activités quotidiennes nous mettent au contact « immédiat » des êtres sensibles (imprédictibles et incontrôlables) qui nous entourent. Mais elles ne concernent pas moins nos usages des « médiations » de toute sorte qui nous relient les un·es aux autres.

Selon un mouvement lent qui a commencé il y a au moins cinq siècles et qui s'est dramatiquement accéléré au cours des dernières décennies, nous nous touchons de plus en plus par media interposés. Même si les conflits et les coups qui s'y portent finissent toujours par affecter immédiatement les corps qui y sont impliqués, les chaînes de médiation se sont allongées au même rythme que nos chaînes d'approvisionnement en denrées matérielles. Les tactiques de *care* appliquées à ces chaînes de médiation préconditionnent désormais de façon décisive l'issue de tout conflit et de toute bataille culturelle à venir.

Tout programme d'action au sein des conflits en cours doit donc porter en priorité sur les façons dont nous nous touchons par media interposés. Il doit prendre la forme d'un programme de médiation, au sens où la médiation est au cœur de toute diplomatie, mais bien davantage encore au sens où les médiations communicationnelles prennent une place croissante au sein de nos socialités – où les doigts et leur doigté sont relayés par les *digits* de la connectivité numérique.

La crise sanitaire du coronavirus et les mesures barrière qui l'ont accompagnée reconditionnent bien entendu de façon cruciale les façons dont nous sommes appelé·es à (ne pas) nous toucher dans les mois et les années à venir. Ici aussi, le commun de nos langues dit suffisamment à quel point les « tactiques du *care* » sont au cœur de nos préoccupations actuelles. « Prendre des gants » lorsque nous conversons pour ne pas nous blesser inconsidérément les un·es les autres est une précaution nécessaire entre allié·es. « Porter un masque » (dont certains sont équipés de pince-nez) est en passe de devenir une habitude, même sous nos latitudes. Les hôpitaux, hauts lieux de nos imaginaires actuels, illustrent richement les paradoxes de nos tactilités contemporaines en confrontant la double exigence de toucher les malades et de contenir la contamination de la maladie par le toucher.

Comment penser nos conflits à la lumière des paradoxes inhérents aux médiations qui nous relient tout en nous éloignant ? C'est ce qu'explorera le dernier chapitre de ce petit livre en formulant quelques intuitions sur les façons dont nos viralités médiatiques peuvent affecter nos rivalités politiques.

## CHAPITRE TROIS

# Sorcelleries de viralité

**Contre & dans le capitalisme viral.** Nos médias de masse ne parlent que de virus depuis plus d'une année, mais seules quelques publications minoritaires nous aident à prendre la mesure de ce que la viralité révèle et opère au sein de nos sociétés du XXIe siècle[1]. Thierry Bardini

1. Outre une série de trois articles parus dans *AOC* entre le 6 et le 9 avril 2020, voir Jussi Parikka, *Digital Contagions. A Media Archaeology of Computer Viruses*, New York, Peter Lang, 2007, et « Pour une archéologie des virus », *Tracés*, n° 21, 2011, p. 235-247 ; Priscilla Wald, *Contagious. Cultures, Carriers, and the Outbreak Narrative*, Durham, Duke University Press, 2008 ; Tony D. Sampson, *Virality. Contagion Theory in the Age of Networks*, Minneapolis, University of Minnesota Press, 2012 ; Thomas Beauvisage *et al.*, « Le succès sur Internet repose-t-il sur la contagion ?

invite à parler de *capitalisme viral* pour désigner la superposition actuelle de trois strates de viralité étroitement articulées entre elles (autrement dit, interdépendantes) : a) la viralité *biologique* d'un bout de code génétique qui s'infiltre dans une cellule ; b) la viralité *informatique* de logiciels malfaisants qui font crasher les circuits d'un ordinateur ou d'un serveur ; et c) la viralité *médiatique* qui assure la reproduction de certaines images, idées, paroles, ritournelles ou mèmes.

La panique virale que connaissent nos sociétés depuis une année vient de ce que, dans notre système actuel de communication mondialisée, la viralité est à la fois la pire des choses (quand un virus génétique détruit nos poumons, quand un *malware* paralyse notre ordinateur) et la meilleure des choses (quand notre post, notre chanson, notre vidéo, notre tweet deviennent viraux). L'histoire des années 2020 se résume alors par une formule succincte : *le SARS-CoV-2 est un*

---

Une analyse des recherches sur la viralité », *Tracés*, n° 21, 2011, p. 151-166 ; Thierry Bardini, « Vade retro virus. Numéricité et vitalité », *Terrain*, n° 64, 2015, p. 104-121, et *La Vie virale*, à paraître en 2021 aux Liens qui Libèrent ; Frédéric Bisson, *Virus couronné. Prolégomènes à toute viropolitique future qui voudra se présenter comme science*, Paris, Questions théoriques, 2020.

*virus (biologique) qui, en devenant (médiatiquement) viral, menace de faire crasher (informationnellement) le logiciel capitaliste.*

Le capitalisme viral invite à penser les continuités qui relient trois dynamiques corrélées. Premièrement, *une agro-industrie plantationnaire* dont la monoculture et les manipulations génétiques (végétales et animales) nous exposent à des contagions plus virulentes et moins contrôlables que jamais. Deuxièmement, *une gouvernance sécuritaire* qui nous piste par des moyens informatiques ubiquitaires, comme si nous étions toutes et tous des virus (ennemi·es dans un état de guerre permanent, proies dans une logique de compétition consumériste). Troisièmement, *une médialité en réseau* qui diffuse des affections à des vitesses et à des échelles inédites, selon d'ingouvernables contagions virales. Notre défi historique, pour les années à venir, est d'investir cette viralité médiatique pour renverser un capitalisme écocidaire qui s'est mis lui-même en état de panique virale.

Les diplomates des interdépendances doivent – pour l'instant – apprendre à mener leurs batailles culturelles non seulement *contre* le capitalisme viral, mais aussi *dans* le capitalisme viral. Cette inconfortable position nous condamnant à être à la fois *contre & dans* est théorisée depuis de nombreuses années par la pensée décoloniale[1]. C'est bien à une certaine colonisation du monde que nous devons nous soustraire, à partir de ce que cette colonisation a fait de nous, de nos milieux et de nos moyens d'agir. D'où sans doute le sentiment de barbouillement moral attesté par Baptiste Morizot comme premier symptôme de nos difficultés actuelles.

Combattre le capitalisme viral au sein du capitalisme viral (pour en sortir) invite à se servir des armes qu'il met entre nos mains, tout en se méfiant constamment de leur caractère fatalement double, tordu et retors – sans que cela empêche, bien entendu, de chercher à en forger de nouvelles. Les débats animés par le mouvement DiEM25 (coagulé autour de Yánis Varoufákis) soulignent fréquemment l'ambivalence d'organiser une nouvelle Internationale de lutte contre le capitalisme extractiviste à travers une chaîne de diffusion YouTube relayant des conversations tenues sur Zoom (deux emblèmes du nouveau capitalisme extractiviste). Comment toutefois ne pas reconnaître que les médias

---

1. Walter Mignolo, *La Désobéissance épistémique. Rhétorique de la modernité, logique de la colonialité et grammaire de la décolonialité*, Bern, Peter Lang, 2015, et Aníbal Quijano, « "Race" et colonialité du pouvoir », *Mouvements*, n° 51, p. 111-118, 2007.

sociaux mis en place par le capitalisme de plateforme ont joué un rôle central dans les mobilisations récentes – qu'il s'agisse des Gilets jaunes en France, du mouvement #MeToo ou des protestations massives qui ont suivi le meurtre du rappeur George Floyd, diffusé sur tous les écrans du monde en mai 2020 ?

Il convient certainement de distinguer les dynamiques de diffusion nourrissant DiEM25 ou Black Lives Matter de celles qui mobilisent l'électorat de Donald Trump par renforcements mutuels entre tweets et Fox News. Toutes participent cependant d'un même contexte de médialité virale – numérique, algorithmique, mais aussi affective, réactive, sensationnaliste, davantage énergisée par des bouffées d'indignation et des partages de colère que par des propositions d'alternative[1]. Cette viralité médiale s'inscrit bel et bien dans des situations de lutte idéologique et dans des stratégies de guerre culturelle (*culture war*). Tous les coups y sont permis, mais, hormis les fréquents coups de matraque policiers dirigés contre les minorités et hormis les épisodiques lancers de pavé dans des vitrines de

1. Voir Peter Sloterdijk, *Colère et temps*, Paris, Maren Sell, 2007, et Laurent de Sutter, *Indignation totale. Ce que notre addiction au scandale dit de nous*, Paris, Éditions de l'Observatoire, 2019.

luxe, la plupart consistent surtout en coups de sang (indignés) et en coups de cœur (*likes*). C'est la nature même des « coups » qui évolue dans le contexte du capitalisme viral – et c'est cette nouvelle nature qu'il s'agit de mieux comprendre si l'on espère pouvoir gagner les batailles culturelles où se joueront nos perspectives d'avenir.

**De l'hostilité à l'hospitalité.** On a vu dans les chapitres précédents à quel point la catégorie de l'ennemi était à la fois centrale dans notre imaginaire politique et problématique dans le contexte actuel – la déclaration de guerre faite au coronavirus par la rhétorique macronienne au printemps 2020 en illustrant parfaitement l'insuffisance. Si s'organiser contre le capitalisme viral invite à y identifier des ennemis (comme les quatre-vingt-dix multinationales qui génèrent deux tiers des émissions de gaz à effet de serre[1]), penser les conflits dans le capitalisme viral

1. Outre les compagnies gouvernementales russes de pétrole et de charbon, qui comptent à elles seules pour 8,9 % des émissions totales et cumulées de gaz à effet de serre, ChevronTexaco venait en 2013 en tête des multinationales privées (avec 3,5 %), suivie par Exxon (3,2 %), puis par BP (2,5 %), selon Suzanne Goldenberg, « Just 90 companies caused two-thirds of man-made global warming emissions », *The Guardian*, 20 novembre 2013.

pousse à compléter et corriger la catégorie d'ennemi par la catégorie d'*hôte*, dans l'équivoque et l'ambivalence qui caractérisent si bizarrement ce terme dans la langue française (où le même mot fait référence à la fois à l'*host* accueillant et au *guest* accueilli).

La viralité consiste en ce qu'un bout de code (qui n'a rien de vivant en soi) pénètre dans une cellule hôte dont la vie nourrit alors la reproduction dudit bout de code (en un moment crucial de passage par le vivant). Il est essentiel pour la persistance du virus de ne pas tuer (trop vite) les organismes qui l'accueillent, puisqu'il a besoin d'eux pour sa reproduction. De même, la plupart des organismes bénéficient de beaucoup de virus qui se reproduisent en et par eux : nous commençons à peine à comprendre à quel point notre santé dépend des milliards de virus, d'une diversité étonnante, qui peuplent notre corps.

Malgré cette autre troublante bizarrerie lexicale qui rapproche si intimement l'hospitalité (*hospes*) de l'hostilité (*hostes*), il est doublement impertinent de vouloir simplement déclarer la guerre à un virus[1]. Alors que les ennemis en guerre visent

1. Voir Bernadette Bensaude-Vincent, « Guerre et paix avec le coronavirus », *Terrestres*, n° 13, avril 2020, ainsi que Charlotte Brives, « Politiques de l'amphibiose », art. cité.

à se tuer, les hôtes doivent sans cesse réévaluer ce qui leur permet (ou leur interdit) d'entretenir la relation symbiotique qui les renforcerait mutuellement. Que l'hôte (*guest*) contribue à la bonne digestion des aliments qui traversent mon corps ; que l'hôte (*host*) assure ma reproduction quand je m'implante en lui ; que l'hôte (*guest*) commence par menacer ma survie, mais pour m'assurer en fait un avantage stratégique sur mes compétiteurs si je parviens à développer plus rapidement qu'eux les anticorps qui me rendront tolérant à ses intrusions : dans tous les cas, *ne pas tuer son hôte* est le souci commun, du côté de l'*host* comme de celui du *guest*.

La viralité nous fait retrouver par un autre angle les considérations esquissées au chapitre premier sur la nécessaire coexistence avec les « nuisibles ». Le défi est bien de vivre avec ce que nous ne saurions « éradiquer » ou « exterminer », et de faire avec ce qui dérange notre ordre établi pour mieux « ajuster nos égards » envers celles et ceux dont les existences s'enchevêtrent aux nôtres.

La viralité médiatique illustre à merveille ces complexités, qui relèvent moins de la contradiction (rendant impossible la co-affirmation de deux thèses incompatibles) que du paradoxe (nous poussant à remettre en question la *doxa* identifiant la politique à une guerre contre un ennemi). DiEM25 et Black Lives Matter reproduisent leurs bouts de code idéologique en profitant de YouTube et de Zoom, qui profitent d'eux pour augmenter leur audience et vendre notre attention à des annonceurs. Les vidéos virales de décapitation mises en ligne par l'État islamique suscitent des anticorps sous la forme de tâcherons du Web employés à Manille ou en Inde par centaines de milliers pour filtrer les contenus circulant sur Internet. Ces images insupportables attaquent parfois fatalement l'esprit de ces travailleur·es lointain·es en pénétrant leur corps, les condamnant à la dépression, voire au suicide, dans notre indifférence générale[1]. Pendant ce temps, d'autres tâcherons du clic injectent ou font gonfler le compte des *likes* à coup d'intoxications informationnelles (*infox*), selon la règle voulant qu'un virus n'existe jamais seul, mais toujours par essaim ou par nuage.

Apprendre à s'implanter dans des corps vivants en profitant de leur vitalité pour reproduire, en

1. Voir Lauren Huret, *Praying for My Haters*, Dijon, Les Presses du réel, 2019 ; Sarah T. Roberts, *Derrière les écrans. Les nettoyeurs du Web à l'ombre des réseaux sociaux*, Paris, La Découverte, 2020 ; et plus généralement Antonio Casilli, *En attendant les robots*, Paris, Seuil, 2018.

eux et à travers eux, un message et une forme favorables à l'amélioration de nos conditions de vie : voilà sans doute la définition la plus générale qu'on puisse donner de l'*information* – qui est donc d'abord une affaire d'hospitalité (*in-*), en deçà comme au-delà de ce qui peut aussi en faire le vecteur d'une formation hostile. C'est à partir de ce rapport d'hospitalité – c'est-à-dire de présence en l'autre comme de présence en soi d'un autre – qu'il faut penser le programme de médiation nécessaire pour rendre médiatiquement effectives (virales) la diplomatie interespèces des interdépendances et les tactiques de coalition évoquées aux chapitres précédents.

**Un monde d'amis et d'éléphants.** Ce qui apparaît, du point de vue des autorités en place, comme notre ingouvernabilité croissante résulte en réalité d'une mutation multidimensionnelle dans la façon dont « nos media de communication conditionnent notre situation », pour reprendre la phrase fameuse de Friedrich Kittler[1]. Si les contaminations informationnelles (comme les « rumeurs ») ont de

1. Friedrich Kittler, *Gramophone, film, typewriter* [1986], Dijon, Les Presses du réel, 2018.

tout temps joué un rôle central dans les conflits sociaux comme dans les épisodes révolutionnaires, un stade qualitativement différent a été franchi par les appareillages techniques qui *intra*structurent désormais nos sociétés, avec la récursivité instantanée de réseaux de neurones branchés sur une accumulation inédite de *big data*. Les viralités informatiques et médiatiques sont le champ de forces où se jouent les batailles culturelles qui décident de nos destins collectifs, dans une intrication constante de programmation et d'improvisation. La polémicité y joue bien entendu un rôle primordial, voire exacerbé : les moralistes manquent rarement de déplorer à quel point tout le monde s'insulte, se déteste et se trolle sur un Internet réduit à un terrain de pugilat boueux dont toute règle élémentaire de civilité et de bonne foi aurait été bannie. Réduire ce champ de forces à un champ de bataille serait parfaitement vrai, mais n'en relèverait pas moins d'un « demi-réalisme », au sens où Blaise Pascal parlait de « demi-savants ».

On n'a pas assez tiré les conclusions de cette étrange propriété de nos médias sociaux – pourtant fréquemment évoquée lors de leur première émergence – qu'est l'asymétrie entre la facilité et la dominance du régime des *likes* par rapport à celui des *dislikes*. On peut certes «signaler un contenu comme impropre» à l'administrateur du site ou de la plateforme, comme on peut mettre un mauvais score à une proposition de notation. Mais la dynamique virale passe par un geste d'adhésion (*j'aime*) relevant d'un acte de reproduction sans équivalent négatif. En tant qu'utilisateur·e, je peux *re*-tweeter un contenu circulant sur Internet, mais pas le *dé*-tweeter (ce qui est un privilège des seul·es administrateur·es). Cela ne signifie bien entendu pas que tout soit amour (ou amitié) dans ce monde de *likes* et de *friends*: haines, insultes et détestations y prolifèrent vertigineusement (par surcompensation ou retour du refoulé). Cette positivité constitutive des médialités numériques révèle toutefois une propriété essentielle de l'économie de l'attention, qui doit être mise au cœur de toute analyse de la viralité médiatique.

Si l'on ne peut pas *dé*-tweeter, c'est que l'on ne peut pas «dé-marquer» quelque chose qui aura attiré notre attention. On peut l'oublier rapidement, on peut ne pas lui prêter la moindre importance, on peut regretter de l'avoir remarqué, on peut essayer volontairement de faire que ce qui a été observé n'influe pas sur nos décisions à venir. Mais on lui a irrémédiablement accordé une part de notre énergie attentionnelle. Jacques Lacan aimait à proférer qu'il n'y avait pas d'éléphant dans la salle où il parlait – juste pour susciter la présence d'éléphants dans la tête de ses auditeurs par le geste même qui affirmait leur absence. C'est bien de cela qu'il s'agit ici : la parole niant la présence de l'éléphant m'aura marqué d'une présentation positive de l'éléphant, sans que je puisse l'en *dé*-marquer de ma conscience.

Un roman récent de Philippe Aigrain illustre à merveille cette occulte puissance de subversion qui hante nos communications numériques en réseau. Quelques personnes reçoivent un courriel venant apparemment de la sœur qu'ils ont toujours rêvé d'avoir. La rumeur court d'une conspiration d'« ébahies » dont personne ne comprend les revendications (pour autant qu'elles en aient). Cela suffit pour affoler la police, dès lors que les affects communs tourbillonnent autour d'attracteurs incontrôlables aspirant les désirs par l'irrésistible appel d'un vide où miroitent amitiés potentielles et sororités virtuelles[1].

Cette fondamentale positivité de l'économie attentionnelle a d'énormes implications politiques. C'est sur elle que des histrions comme Donald Trump font reposer leur succès. Peu importe que je parle du président états-unien

1. Philippe Aigrain, *Sœur(s)*, Paris, Publie.net, 2020.

pour faire son éloge ou pour le traîner dans la boue. Dès lors que je parle de lui (plutôt que d'autre chose), je nourris sa visibilité, c'est-à-dire sa puissance de viralité médiatique[1]. Les dynamiques propres (et encore largement inconnues) de la médialité numérique font que le *moyen* de communication instaure inévitablement un *milieu* de communication – « moyen » et « milieu » étant deux traductions possibles de *medium*. Le moyen verbal par lequel je crois faire la guerre à un politicien populiste peut très bien alimenter le milieu qui le fait prospérer. Les coups argumentatifs dont je le frappe le renforcent au lieu de l'affaiblir. Nos rivalités polémiques nous aveuglent souvent aux viralités médiarchiques.

Les dynamiques de ces dernières sont à situer au carrefour de deux pressions hétérogènes et partiellement contradictoires entre elles. La rapidité des contagions médiatiques dépend d'une part très largement des pressions compétitives qu'entretient et exacerbe un système de financement des médias basé sur la marchandisation de l'attention. Pour la plupart des institutions

1. Pour une excellente analyse de ces phénomènes, voir Dork Zabunyan, *Fictions de Trump. Puisssances des images et exercices du pouvoir*, Cherbourg, Le Point du Jour, 2020.

qui fournissent ou diffusent des contenus, la survie se mesure à l'aune de la quantité d'attention qu'elles parviennent à attirer sur elles (que ce soit pour justifier leur existence auprès de financeurs publics ou, plus souvent, pour vendre cette attention à des annonceurs). Cette compétition instaure une course aux armements captologiques qui pousse chaque agent à surpasser ses concurrents dans le recours aux saillances (chocs, terreurs, scandales, indignations, etc.), avec les conséquences d'accélération, de simplification, d'extrémisation qui ne manquent pas de s'ensuivre.

Mais les contagions médiatiques sont aussi à comprendre comme résultant des impatiences légitimes que le chapitre précédent a inscrites au registre de la *spoudè*. Même si Internet s'emballe pour des stars de K-pop ou pour des chatons apparemment dénués de dimension polémique, ce qui nourrit les re-tweets, les commentaires contradictoires, les indignations et les dénonciations de complot, c'est très massivement *une aspiration à ne plus subir* un traitement perçu comme inique. Si, comme on les en accuse fréquemment, les internautes jugent trop vite, s'expriment avant de réfléchir, s'adonnent à une spontanéité souvent naïve et parfois dommageable, c'est sous l'aiguillon d'une hâte à pousser le monde vers un ordre moins injuste. Comme les femmes camerounaises décrites dans le récit de Djaïli Amadou Amal, les internautes sont des impatientes dont la précipitation dénoncée par les pouvoirs en place («*Munyal!* ») relève d'un effort parfaitement légitime pour combattre ce qui nous détruit.

Sur ces deux plans de la compétition attentionnelle marchande et de la *spoudè* revendicatrice, les viralités médiatiques contribuent certainement à exacerber les rivalités polémiques. Mais elles y contribuent sur chacun de ces plans de façons très différentes, et parfois avec des effets opposés, qu'il est essentiel de mieux prendre en compte.

**Six programmes de remédiation.** Le choix des moyens de lutte en contexte de viralité numérique est donc indissociable d'une meilleure compréhension des milieux de conflictualité institués par le capitalisme viral. En même temps que les activistes multiplieront les opérations de terrain visant à sensibiliser les publics autour de causes locales (taguages, manifestations, sit-ins, dégonflages de pneu de SUV, blocages, occupations), des réflexions plus générales demandent à être menées afin de mieux comprendre et de mieux utiliser les médiations par lesquelles ces causes locales peuvent gagner en visibilité, en échelle et en impact, par viralisation. On peut ainsi esquisser au moins six grands programmes de médiation, ouvrant à la fois six domaines de recherche et six registres d'action sur le terrain des batailles culturelles à venir :

1. ***Étudier la viropolitique***. Depuis William Burroughs au moins, les virus jouent un rôle important dans les imaginaires déployés autour de certaines théories politiques. À la suite des nombreuses réflexions philosophiques sur (les dangers de l'aspiration à) l'immunité, et en résonance profonde avec les extravagances de la pandémie Covid, quatre ouvrages récents fournissent les bases d'une conception viropolitique de nos dynamiques sociales. Qu'ils parlent de « symbiose intellectuelle avec un virus » et de « coronationalisme » (Frédéric Bisson), de « sentinelles » et de « préparation » (Frédéric Keck), de « surveillance synhaptique » (Pierre Cassou-Noguès) ou de « capitalisme génétique » (Thierry Bardini), ils nous aident tous à comprendre comment, « dès l'instant où la propagation du coronavirus est devenue pandémique, [...] l'attention mentale et médiatique à cet événement s'est elle-même mondialisée et viralisée, en

même temps que les techniques de sécurité de la communauté démunie »[1].

Dans son ensemble, la viropolitique nous invite à compléter notre imaginaire polémique, encore fortement structuré par la guerre de tranchées des deux côtés d'un front, avec un imaginaire médiarchique dynamisé autour de « foyers de contagion ». Cela appelle à concevoir les luttes en fonction de facteurs comme le R0 du taux de reproduction (lui-même analysable en termes de probabilité de transmission, de taux de contact et de durée de contagiosité) plutôt que par le simple décompte des budgets de campagne électorale ou des corps mobilisés dans une manifestation.

**2. *Cibler la classe vectorialiste*.** Voilà près de vingt ans que McKenzie Wark appelle à repérer l'émergence de nouvelles formes de lutte de classes, entre ce qu'il propose d'appeler la « classe des hackers » et la « classe vectorialiste ». Selon lui, nous sommes toutes et tous « hackers »

---

1. Frédéric Bisson, *Virus couronné*, *op. cit.*, p. 1 ; Frédéric Keck, *Les Sentinelles des pandémies. Chasseurs de virus et observateurs d'oiseaux aux frontières de la Chine*, Bruxelles, Zones sensibles, 2020 ; Pierre Cassou-Noguès, *Virusland*, Paris, Cerf, 2020 ; Thierry Bardini, *La Vie virale*, à paraître en 2021 aux Liens qui Libèrent.

en tant que nous fournissons à nos communications numérisées ce qui leur donne forme et ce qui les nourrit de contenus, et cela indépendamment de notre expertise technique plus ou moins avancée en termes de programmation. La classe vectorialiste se définit au contraire par le fait qu'elle contrôle les «vecteurs» par lesquels circulent ces flux de communication, qu'il s'agisse des câbles sous-marins de l'Internet, des fermes de serveurs qui supportent le *cloud*, des plateformes auxquelles nous nous connectons, des logiciels propriétaires qui structurent nos interfaces, des usines qui produisent nos appareils numériques, mais aussi des organes de presse, des chaînes audiovisuelles, des agences de tourneurs, des conglomérats publicitaires, des grands studios hollywoodiens ou bollywoodiens, qui, ensemble, filtrent et formatent *de facto* ce qui parvient aux yeux et aux oreilles des plus grandes masses de nos populations mondiales.

Alors que la viralité biologique se répand par contacts immédiats de proximité (postillons, toucher, rapports sexuels), la viralité médiarchique ne se libère de l'exigence de proximité que par le moyen d'appareillages et de canalisations technico-juridiques (les vecteurs) dont le fonctionnement demande à être étudié en propre. Dans ses derniers travaux, McKenzie Wark suggère que l'éventuelle mort du capitalisme entrepreneurial et industriel n'aurait guère à être célébrée si les agissements de la classe vectorialiste devaient se révéler encore plus exploiteurs, oppressifs, inégalitaires et écocidaires que ceux de la classe capitaliste[1] ! Les conflits et les viralités à venir se décideront largement dans la plus ou moins grande capacité des forces en présence à cibler et à contrer le pouvoir (encore presque incontrôlé) de la classe vectorialiste.

**3.** ***Contrer les exploitations par des exploits.*** Quelques années après le *Manifeste hacker* de McKenzie Wark, Alexander Galloway et Eugene Thacker ont brillamment théorisé les nouvelles modalités de lutte asymétrique que les hackers – entendus cette fois au sens plus restreint d'activistes du numérique férus de programmation – pouvaient développer pour entraver, neutraliser, subvertir et détourner vers notre bien commun les réseaux de communication aujourd'hui

1. McKenzie Wark, « Et si ce n'était même plus du capitalisme, mais quelque chose d'encore bien pire ? », *Multitudes*, n° 70, 2028, p. 76-81. Voir aussi Shoshana Zuboff, *L'Âge du capitalisme de surveillance*, Paris, Zulma, 2020.

monopolisés par la classe vectorialiste. Ce qu'ils identifient comme un *exploit* génère un événement à partir de trois éléments :

> 1. Un *vecteur*: l'exploit requiert un medium organique ou non organique dans lequel existe une forme d'action ou de mouvement. 2. Une *faille*: l'exploit requiert un ensemble de vulnérabilités dans le réseau qui permet au vecteur d'être logiquement accessible. [...] 3. Une *transgression*: l'exploit crée un déplacement dans l'ontologie du réseau, dans lequel l'« échec » du réseau constitue en fait une transformation de sa topologie (par exemple, de réseau centralisé en réseau diffus)[1].

Bien au-delà des seules cyberattaques auxquelles se livrent depuis longtemps les états-majors militaires dans les conflits internationaux, les exploits de ce type ont accompagné tous les développements d'Internet, selon une dynamique dont Galloway et Thacker soulignent à la fois la viralité (« les virus sont de la vie qui exploite la vie ») et l'ambivalence politique,

1. Alexander Galloway et Eugene Thacker, *The Exploit*, *op. cit.*, p. 97.

puisque c'est dans les victoires mêmes de la classe vectorialiste que l'exploit trouve de quoi l'ébranler: «Les réseaux n'ont de ratés qu'en fonction de leurs succès. Les réseaux nourrissent les déluges de données, mais les déluges sont aussi ce qui nuit aux réseaux en les paralysant.» Comme le petit virus couronné qui a bloqué la grosse machine de l'économie mondiale, comme la monoculture plantationnaire qui nous expose au risque d'infestation pullulante du premier nuisible venu, l'exploit illustre à merveille l'effet disproportionné d'un geste mineur au sein de tyrannies majoritaires: «Les virus d'ordinateur se multiplient au mieux dans des environnements qui ont de bas niveaux de diversité. Chaque fois qu'une technologie dispose d'un monopole, on y trouvera des virus. Ils profitent de la standardisation technique pour se propager dans le réseau[1].» L'empire des plateformes nous élève à un nouvel âge de la propagande, comme le suggère la proximité originelle de la *propaganda* idéologique avec la propagation virale.

1. *Ibid.*, p. 83, 84 et 96. Voir aussi Alicia Amilec, «De l'exploitation à l'exploit», *Multitudes*, n° 54, 2013, p. 214-220.

4. ***Développer des poétiques virales***. L'activisme viral n'est pas le seul fait des hackers virtuoses en programmation informatique. Des « méthodologies pour un buzz citoyen » imaginent, testent, implémentent un design viral depuis les grandes organisations états-uniennes comme MoveOn.org jusqu'aux écoles d'art européennes[1]. Les poètes, éditeur·es, rédacteur·es et penseur·es réuni·es autour des éditions Questions théoriques mettent depuis une vingtaine d'années la viralité au centre de leurs créations littéraires et de leurs pratiques artistiques. Christophe Hanna proposait dès 2002 d'envisager la poésie contemporaine en termes de virus informatique et de *spin* communicationnel : au lieu de viser à une « adhésion (affective) » ou à un « accord (esthétique) », « l'action virale s'effectue directement dans l'espace de la communication », lorsqu'« une occupation des macrostructures orthodoxes » y injecte des microstructures hétérodoxes, par exemple « lorsque la poésie sort du livre vendu au rayon poésie de la librairie [...] pour agir à

1. Voir le livre de David Karpf, *Analytic Activism. Digital Listening and the New Political Strategy*, Oxford, Oxford University Press, 2016, et le site https://designviral.ch/ de la Haute École d'art et de design de Genève.

l'intérieur d'autres systèmes symboliques : l'affichage urbain, le site Web tendance, le journal, la revue, le CD-rom pédagogique ou encyclopédique, bref les médias d'information courante[1] ».

Cette théorie de la viralité conduit à renouveler profondément les types d'opération que nous pouvons attribuer au travail poétique (littéraire, plastique, artistique) – au sein d'une *sympoïèse* joyeuse qui explore activement les modalités possibles de nos « faire avec ». Ce travail peut agir sur le mode du « spin » pratiqué par les *spin doctors* de la communication politique : une formule verbale est alors lancée avec un certain « effet » (*spin*, comme une balle à effet dans le jeu de tennis) qui agira comme un « agent d'ambiance », visant à « créer pour un discours second, via l'information, un contexte de réception favorable[2] ». D'autres interventions jouent avec l'efficacité documentale : copier, coller, réécrire, compiler, taguer des textes ou des images préexistants permet de faire émerger des réalités nouvelles, sans « créer » autre chose que des effets de déplacement, de

1. Christophe Hanna, *Poésie action directe*, Marseille, Al Dante, 2003, p. 22-27.

2. *Ibid.*, p. 29.

recontextualisation, d'implantation et d'implémentation[1].

Toutes ces opérations – qu'illustrent des poètes comme Anne-James Chaton, Allan Deneuville, Christophe Fiat, Kenneth Goldsmith, Manuel Joseph, Yaël Kreplak, Franck Leibovici, Jacques-Henri Michot, Vanessa Place – introduisent des bouts de code (*guests*) au sein d'organismes (*hosts*) qui leur assurent une reproduction dérangeante, appelant à une redéfinition problématique de ce qui fait corps ou anticorps au sein de nos systèmes de communication. Même si cette poésie est profondément politique, elle n'a pour horizon ni la guerre, ni la conflictualité. Son problème n'est pas de se situer du bon côté d'une ligne de front déjà constituée, mais de faire émerger des « problèmes publics » susceptibles de renouveler la définition de ce qui importe au sein d'une société.

---

1. Voir Olivier Quintyn, *Implémentations/Implantations. Pragmatisme et théorie critique*, Paris, Questions théoriques, 2017, et *Dispositifs/Dislocations*, Marseille, Al Dante, 2009 ; Franck Leibovici, *Des opérations d'écriture qui ne disent pas leur nom*, Paris, Questions théoriques, 2020, et *Des documents poétiques*, Paris, Questions théoriques, 2007 ; Florent Coste, *Explore*, Paris, Questions théoriques, 2017 ; Christophe Hanna, *Nos dispositifs poétiques*, Paris, Questions théoriques, 2010.

5. ***Re-médier plutôt que dé-médier***. Les pistes esquissées ci-dessus n'ont bien entendu pas vocation à remplacer les modes traditionnels de mobilisation politique (manifestations de rue, blocages, occupations), mais seulement à les complémenter. L'ambivalence constitutive de leur position – à la fois contre & dans le capitalisme viral – les expose à l'accusation de manquer de radicalité. Elles ont en effet en commun de reposer sur l'acceptation d'une certaine inéluctabilité de nos médiations techniques. De la *casse* à la *caresse*, il n'y a que l'ajout de deux lettres qui peuvent tenir en une subtile opération de *re*-médiation.

Contrairement aux attitudes de résistance par retrait (fuite, désertion, soustraction, destitution), ces gestes font le pari de remédier les problèmes de médiation par davantage de médiation. Ils misent moins sur un retour à une simplicité perdue que sur les vertus d'une dynamique d'excédence et d'hypertrophie dont rendent bien compte Galloway et Thacker: «La résistance implique le désir d'une stase ou d'un mouvement rétrograde, alors que l'hypertrophie est le désir d'une poussée orientée vers un dépassement. Le but n'est pas de détruire la technologie à l'occasion de quelque fantasme néo-luddite, mais de pousser la technologie vers un état hypertrophique, au-delà de ce qu'elle a pour fonction d'accomplir[1]. »

Même si une dé-médiation était possible, il est douteux qu'elle soit souhaitable dans le contexte des conflits écologiques à venir. Les viralités informatiques et médiarchiques constituent non seulement des dangers, mais aussi des ressources qu'on ne saurait mépriser à l'heure où, pour reprendre les catégories d'Andreas Malm, les révolutions-comme-symptômes doivent impérativement changer d'échelle pour muter en révolutions-contre-les-causes :

> Un agriculteur du Burkina Faso peut-il prendre d'assaut les palais d'Hiver du capital fossile ? [...] Les fossés abyssaux au sein de l'espèce – qui font mentir le discours de l'« Anthropocène » : l'humanité en général est responsable, l'ennemi c'est « nous tous » – pourraient bien être justement le principal obstacle si l'on veut s'attaquer aux causes de la catastrophe : les victimes de la violence systématique que représente la combustion d'énergie fossile sont peut-être simplement trop éloignées de leurs auteurs pour pouvoir

1. Alexander Galloway et Eugene Thacker, *The Exploit*, *op. cit.*, p. 98.

> les renverser. Les révolutions-comme-symptômes prennent pour cibles des exploiteurs et des oppresseurs situés dans les environs immédiats et elles ne sont donc pas difficiles à imaginer dès lors que des vies deviennent insupportables. Mais les révolutions-contre-les-causes, si elles sont déclenchées par les classes les plus concernées, doivent voyager à travers le monde[1].

C'est ce voyage à travers le monde qu'ont illustré non seulement les essaims de SARS-CoV-2 qui ont contaminé nos poumons humains, mais bien davantage encore la panique virale qui a brièvement suspendu la machine productiviste écocidaire – ainsi que, mieux encore, les déferlantes médiatiques de #MeToo à la suite de l'affaire Weinstein en octobre 2017 et de Black Lives Matter à la suite du meurtre de George Floyd en mai 2020.

**6. *Communaliser nos re-médiations*.** Qu'ils soient informatiques ou informationnels, les virus médiarchiques ne peuvent rien tant qu'ils

---

1. Andreas Malm, *L'Anthropocène contre l'histoire. Le réchauffement climatique à l'ère du capital*, Paris, La Fabrique, 2017, p. 205.

ne s'incarnent pas dans des corps humains, ainsi que dans les communautés qui font vivre et penser ces corps humains. C'est quand des corps se réunissent dans des lieux de discussion, de partage et de manifestation que les viralités sociales acquièrent un véritable pouvoir d'émancipation. En défiant – prudemment – les injonctions à rester chacun·e chez soi, les mouvements de protestation déclenchés par le meurtre de George Floyd ont constitué par eux-mêmes la plus inspirante forme de re-médiation aux logiques de peur et d'isolation qui avaient prévalu durant les semaines (et les décennies) précédentes. Ces protestations agissaient à la fois, et indissociablement, par les énergies affectives qu'elles catalysaient dans les rues et par les résonances médiatiques qui les diffusaient dans l'ensemble de nos sociétés, à travers les océans et les continents.

Communaliser la réception, les échos, les recodages et les transductions virales des contenus médiatiques qui circulent entre nous est au moins aussi important que revendiquer la réappropriation commune des plateformes de communication, aujourd'hui accaparées par la classe vectorialiste. L'accueil des informations demande à se construire aussi soigneusement que leur infrastructure de transmission[1]. Ici aussi, une bonne hospitalité constitue le meilleur remède préventif aux violences de l'hostilité.

**Sorcelleries virales et batailles permaculturelles.** La possibilité de déploiement d'une diplomatie interespèces des interdépendances comme celle des tactiques de coalition esquissées dans les chapitres précédents reposent sur nos capacités à reprendre l'initiative dans les batailles culturelles d'aujourd'hui et de demain. Les six programmes évoqués ci-dessus espèrent contribuer à nous orienter dans les dynamiques des contagions virales, mais ils ne sauraient nous en assurer le contrôle. Les viralités médiatiques se subissent sans jamais pouvoir se maîtriser complètement. Elles ne relèvent pas tant d'une science (dure) que d'une sagesse (molle) – voire plutôt d'une *sorcellerie* (fluidique).

Il est difficile de trouver une description plus réaliste de notre rapport commun à la politique, en régime médiarchique, que ces deux principes résumés par Jeanne Favret-Saada à la suite de

1. C'est ce que s'efforcent de comprendre et d'analyser les articles réunis dans le dossier « Faire publics » du n° 79 de la revue *Multitudes* (2020), et c'est ce que j'essayais de cartographier dans *Pour une écologie de l'attention*, Paris, Seuil, 2014, comme dans *Médiarchie*, Paris, Seuil, 2017.

son enquête sur la sorcellerie dans le Bocage normand : « D'une part, l'existence d'une "force" que manipulent les humains [...] et qui circule suivant les voies ordinaires de la communication humaine ; et, d'autre part, l'existence d'un système de places dans lequel ceux qui disposent de la "force" (sorciers et désorceleurs) peuvent soit attaquer à mort, soit sauver ceux qui n'en disposent pas (ensorcelés)[1]. » Il s'agit moins d'exploiter ces forces de la médialité politique (selon un modèle extractiviste scientifico-industriel) que de les amadouer, de les exorciser et de les désorceler (avec les incertitudes fumeuses et généralement clandestines des dés-envoûteur·es). Ces forces sont aussi vieilles que la sorcellerie, mais elles se trouvent drastiquement renouvelées et redimensionnées par nos médialités numériques agissant à des échelles inédites. On peut s'en offusquer, ou s'époumoner à les condamner : le vrai défi auquel nous confrontent ces viralités médiarchiques est d'apprendre à faire avec.

C'est la puissance indomptable de nos affects communs qui agit à travers elles – une puissance de la multitude (*potentia multitudinis*)

1. Voir Jeanne Favret-Saada, *Désorceler*, Paris, L'Olivier, 2009.

vouée à dépasser toutes nos petites stratégies individuelles ou organisationnelles. Cette puissance peut nous casser, comme elle peut nous aider à faire face à la casse du siècle en cours – dès lors qu'on apprend l'art de faire avec ses poussées indomptables, avec les impatiences de sa *spoudè*. En devenir les sorcier·es ou les désorceleur·es, c'est se mettre au service de cette force de vie collective de façon à la favoriser dans sa diversité. On retrouve ici la leçon que Baptiste Morizot développe dans son dernier livre, qui nous appelle à une « confiance non aveugle dans les dynamiques du vivant[1] », que nous devons apprendre à écouter, comprendre et respecter plutôt que maîtriser.

*Nous ne défendons pas la nature, nous sommes la nature qui se défend*, disent ensemble les habitant·es des ZAD et les militant·es d'Extinction Rebellion. On peut concevoir la nature ou le vivant – en nous et en dehors de nous – comme ce qui s'obstine à naître et renaître, pousser et repousser, médier et remédier, par ses forces propres, indépendamment de nos volontés de maîtrise. Dès lors qu'on comprend que c'est la

---

1. Baptiste Morizot, *Raviver les braises du vivant*, *op. cit.*, p. 86-95.

diversité interne de cette nature ou de ce vivant qui assure sa persistance en équilibrant ses rapports d'hospitalité intérieure, alors la permaculture devient un modèle opératoire valide non seulement pour le soin des champs agricoles, mais tout autant pour le soin des champs sociaux. Les *culture wars* dans lesquelles nous allons être happé·es pour faire face à la casse du siècle demandent à être approchées comme des *batailles permaculturelles*.

Aussi loin du simple laisser-faire que du souverainisme plantationnaire, l'enjeu de ces batailles est de défendre le pluralisme dont se tissent nos interdépendances interespèces, et de protéger les conditions de vie des minorités dont dépendent le dynamisme et la survie même de toute majorité. Si ces batailles permaculturelles nous confrontent bel et bien à des ennemis (du tissage, du mineur), notre défi est de faire avec la sorcellerie des remédiations virales pour déjouer les casses de l'hostilité en mobilisant les vertus de l'hospitalité.

Bien entendu – faut-il le préciser? –, la véritable hospitalité n'est pas une affaire de virus, mais d'humanité. Les contagions en ligne jouent certainement un rôle incontournable dans les mobilisations politiques. Mais leurs emballements éphémères ne mènent pas à grand-chose de désirable tant qu'ils ne s'articulent pas avec le travail d'accueil des corps et des esprits, des sensibilités et des cultures, des divergences et des dissensus. Or cet accueil requiert des assemblées toujours plus ou moins fermement ancrées dans un terrain d'activisme et de lutte, de construction et de partage, où l'hospitalité prend tout son sens permaculturel. Sorcelleries de viralité et rituels assemblistes, insuffisants tant qu'ils restent séparés, ne prennent force de transformation sociale que quand ils convergent vers ce qu'Erin Manning et Brian Massumi désignent comme «l'hospitalité de l'événement même», supérieure en puissance aux meilleurs sentiments individuels qui s'expriment en elle. Pour que les conflits qui menacent ne nous fassent pas sombrer dans la victoire annoncée des extrêmes droites de tout poil, notre premier devoir est de cultiver cette «hospitalité étrangeante[1]» (*hospitable estrangement*), seule capable d'élever nos contagions et nos coalitions vers «des performances dont les participants agissent *comme s'ils étaient une majorité*, alors même qu'ils ne sont factuellement qu'une minorité[2]». Davantage encore que la

1. Erin Manning et Brian Massumi, *Pensée en acte*, Dijon, Les Presses du réel, 2018, p. 48 et 50.

2. Jonas Staal, «Assemblism», *e-flux*, n° 80, p. 8-10, 2017.

stratégie centrale à se fixer pour les batailles permaculturelles à venir, une telle ambition n'est peut-être après tout que la définition même de la politique.

ENVOI

# Faire avec nos impatiences

La période de conflits qui s'annonce mérite de nous inquiéter. La considérer avec lucidité risque de nous déprimer, avec une tentation de sécession collapso ballottée entre impuissance, *self-help* et fuite à la campagne. Mais cette période est aussi porteuse d'impatiences dont les dynamiques peuvent précipiter des réévaluations drastiques et massives de nos orientations, de nos institutions et de nos valeurs. Notre avenir se joue dans notre capacité à faire avec ces impatiences.

En deçà des problèmes de *praxis* politique et des difficultés de *(sym)poiesis* organisationnelle, notre avenir commun prend forme à travers les dynamiques chaotiques de cette *spoudè* où se côtoient nos efforts pour corriger les injustices, nos hâtes à protéger nos milieux de vie et nos précipitations à secouer les dominations. Comment nous battre contre ce qui nous détruit en cessant de nous battre entre nous ? Telle est bien la question qu'affronte cette *spoudè* à chacun de ses pas.

Comme les femmes camerounaises dont Djaïli Amadou Amal raconte l'histoire, nous recevons de toute part des appels à la patience (« *Munyal !* ») nous intimant de continuer à subir des ordres oppressifs, de tempérer les revendications des minorités au nom de l'inertie des majorités, de différer la mutation écologique au nom d'impératifs économiques, de tolérer les inégalités (des un·es) au nom de la prospérité (des autres). Comme ces femmes, nos jeunesses ont raison d'être impatientes. Militant·es LGBTQ+, #MeToo, associations d'aide aux migrant·es, comités pour l'abolition des dettes illégitimes, Black Lives Matter, Justice pour Adama, Front de mères, Confédération paysanne, zadistes, Youth for Climate, Fridays for Future, Extinction Rebellion : tous ces efforts d'organisation accélèrent des mutations nécessaires (quoique aucunement garanties par le cours actuel des choses).

À l'échelle des ménages (contre les oppressions conjugales) comme à celle des quartiers (contre les violences policières), à l'échelle des régions (contre l'agro-industrie) comme à celle des États-nations (contre les inégalités sociales) et de la géopolitique (contre le néocolonialisme), les jeunesses impatientes poussent en direction d'un monde moins inique et moins écocidaire – par leurs mobilisations numériques, par leurs manifestations de rue, par leurs occupations, par leurs migrations.

Faire avec ces impatiences exige de les accueillir dans leurs réalités incontournables, avec hospitalité, sans hostilité. Mais cela exige aussi, et surtout, de les soutenir comme autant de promesses de mutation. Nos interdépendances internationales et interespèces apparaissent de plus en plus patentes. Nos viralités médiarchiques nous ensorcellent de façon toujours plus difficilement contrôlable. Les inégalités qui nous opposent sont de plus en plus injustifiables. Et la responsabilité la plus grande pèse sur ceux qui, comme Yves4050, profitent le plus de ces inégalités : à eux – *à nous !* – d'accélérer les transformations radicales qui sont notre seul espoir d'éviter des guerres autodestructrices.

Les contagions qui portent ces impatiences, ainsi que les conflits auxquels elles conduisent, appellent à de nouveaux modes de coalition. L'enjeu n'en est pas de gagner des guerres, mais de réaliser d'autres virtualités dont les prémisses, les conditions et les tendances sont déjà à l'œuvre dans notre monde actuel. Accueillir ces impatiences aujourd'hui minoritaires, remédier leurs expressions et relayer leur diffusion pour aider à leur coalition dans des poussées devenues majoritaires – voilà ce que nous avons à faire, les un·es avec les autres, non seulement contre les dominations actuelles, mais surtout pour la terraformation d'une planète co-habitable. Faire avec nos propres limites, faire avec nos impatiences réciproques, faire avec nos conflits, faire avec les difficultés, mais aussi avec la créativité d'une «hospitalité étrangeante» – pour que la casse du siècle (passé) devienne le chantier du siècle (présent).

Ce «faire avec» ne relève en rien d'une résignation fataliste. Il prend acte de nos faiblesses, de nos vulnérabilités et de nos limites pour orienter nos forces et nos impatiences vers la permaculture d'un monde de diversités, où nos minorités puissent coexister sans (trop) s'opprimer.

## REMERCIEMENTS

Je remercie les personnes et institutions suivantes, qui ont fait avec moi ce livre, parmi d'autres que je prie d'excuser mon oubli.

Au premier titre, Dominique Quessada (merci pour le titre), Raphaël Liogier et Henri Trubert (merci pour les relectures et suggestions), ainsi que Nicolas Deschamps, Élise Roy et Lorraine Kleindienst, au sein des éditions Les Liens qui Libèrent.

Mais aussi Sénamé Koffi Agbodjinou, Mark Alizart, Laurence Allard, Arty Farty, Bernard Aspe, Asaf Bachrach, Thierry Bardini, Pierre Bayard, Romaine-Emma Bigé, Frédéric Bisson, Olivier Bosson, Fabien Boully, Sylvain Bourmeau, Frédéric Brun, Pierre Cassou-Noguès, Grégory Chatonsky, Alain Damasio, Stéphane

Degoutin, Roch Delannay, Allan Deneuville, les participant·es au diplôme interuniversitaire ArTeC+, Marianne Dubacq, Aleks Dupraz, Mathias Echenay, mes collègues de la Fabrique du littéraire de l'université Paris 8, Fabrice Flipo, Makan Fofana, Jean Gilbert, Christophe Hanna, Edith Heurgon, Aliocha Imhoff, Marina Kundu, Ariel Kyrou, Marie Lechner, Alice Lenay, Erin Manning, Brian Massumi, les étudiant·es du master ArTeC, Anthony Masure, Vincent Message, Baptiste Morizot, Yann Moulier-Boutang, les membres du collectif de rédaction de la revue *Multitudes*, Nancy Murzilli, Frédéric Neyrat, Kab Niang, Pascal Nicolas-LeStrat, François Noudelmann, Guillaume Parodi, Julie Peghini, Adrien Péquignot, Alexandre Pierrepont, Jeanne-Marie Portevin, Mathieu Potte-Bonneville, Julien Prévieux, Vincent Puig, Anne Querrien, Élisabeth Quin, Olivier Quintyn, Kantuta Quirós, Matthieu Raffard, Jacopo Rasmi, Arnaud Regnauld, Mathilde Roussel, Elise Roy, Lionel Ruffel, RYBN (Marika Dermineur et Kevin Bartoli), Marc Saint-Upéry, Pascale de Senarclens, Bernard Stiegler, Myriam Suchet, Laurent de Sutter, Rémy Toulouse, Anne Vaudoyer, Marco Venturini, Philippe Vion-Dury, Gwenola Wagon.

# Table

Composition : In folio

Achevé d'imprimer en février 2021
par Normandie Roto Impression s.a.s.
à Lonrai

Dépôt légal : mars 2021
N° impr : 2100245
*Imprimé en France*